Sébastien Brebel

Place forte

Roman

P.O.L
33, rue Saint-André-des-Arts, Paris 6e

ISBN : 2-86744-902-2
www.pol-editeur.fr

Pour Alice

Le notaire déchu va au-devant de sa propre ruine, pensa le notaire déchu (adressant mentalement la parole au notaire qui conduisait la BMW sur une route départementale du Maine-et-Loire), et il ne put sur le moment réprimer un geste d'irritation inutile qui n'était perceptible qu'à lui-même. Depuis des années, pensa le notaire, j'émets des signes d'irritation et personne ne s'en aperçoit. Depuis des années (oui c'est bien cela, pensa le notaire déchu, depuis des années), je roule directement vers ma propre ruine, entraînant avec moi (dans ma ruine) mes proches (entraînant dans ma ruine celle de mes proches), et depuis des années où je roule vers ma ruine, je ne fais plus qu'émettre des signes constants d'irritation inutile (tel un émetteur perpétuel d'irritation) et personne n'a su depuis que j'émets de tels signes (dit le notaire au notaire) déchiffrer les signes manifestant mon irritation, signes extérieurs de l'irritation dirait-on, ni même détecter mon irritation. C'est d'en avoir saisi la nuance comique qui a rendu la vie insupportable et irritante au notaire, sa propre vie et la vie en général lui sont apparues immédiatement et irrésistiblement insupportables et irritantes, dès lors qu'il a aperçu sa propre vie d'abord, puis la vie en général, sous l'angle comique, c'est-à-dire pour le notaire sous le jour d'une comédie en tout point irritante. Toute l'irritation du notaire vient de là, d'avoir saisi la nuance ou l'aspect comique des choses de la vie et réalisé que la comédie est jouée par tous et sans nuance, jouée par moi (se dit le notaire) tout autant et avec le même défaut de nuance que par tous les autres. Il suffit que le défaut de nuance vous apparaisse une fois (une fois suffit en effet) pour que d'un seul coup et pour toujours la vie vous apparaisse dénuée totalement de nuance, terriblement comique et caricaturale. La vie de tous est comique, non pas vaguement ou confusément comique, mais complètement et radicalement comique, d'un comique désespérant et sans nuance. La vérité est qu'en chacun de ses aspects et qu'en chacun de ses moments la vie est une comédie parfaite. Nous jouons, nous passons notre vie à jouer la comédie (à nous jouer la comédie), nous passons notre temps à nous caricaturer nous-mêmes, tout (je dis bien absolument tout) est comédie pour nous et comédie en nous, et moi-même (il faut le reconnaître, admit le notaire) qui professe que tout est comédie et au moment même où je le professe, je suis sans doute comique, risiblement comique même, je n'échappe pas moi-même à la tendance profonde et la mieux partagée du monde qui consiste dans l'art de faire tourner les choses au vide de la comédie. La satisfaction que nous ressentons à la jouer, la comédie que nous jouons, est médiocre, c'est une satisfaction idiote et médiocre relativement aux efforts que nous dépensons pour jouer la comédie. Car il ne nous suffit pas de jouer la comédie, il faut encore nous dissimuler que nous jouons, il nous faut nous rendre indifférent et parfaitement innocent, il faut que nous dépensions des forces intellectuelles et morales exorbitantes pour nous cacher notre propre jeu. Nous sommes en tout point de parfaits comédiens, des comédiens redoutablement efficaces dans une comédie supérieurement rodée, mais des comédiens tristes ou des comédiens déprimés. Et aussitôt le notaire se demanda : cette comédie qui se joue, que je joue moi-même et qui se joue partout autour de moi, est-ce que j'y participe vraiment, ma conscience d'y participer ne fait-elle pas de moi un être privilégié, se demande le notaire, quel rôle je joue dans tout ça au fait, je me demande, suis-je pour quelque chose dans cette agitation comique où chacun a sa place, un rôle taillé à sa mesure et un stock de répliques toutes faites dans le fond de la bouche, ai-je dans cette comédie moi aussi ma place comme tout le monde, un rôle à ma mesure avec son stock de paroles accordé à ma condition de notaire déchu? Le comique n'est pas séparable de l'emphase et si le notaire a l'habitude de se présenter sous le jour et avec les manières emphatiques, ce n'est pas qu'il est prêt comme certains à recourir aux solutions extrêmes, mais qu'il ne peut s'empêcher de penser à la place qui lui est dévolue dans la comédie de la vie. L'irritation qui en aurait conduit plus d'un aux solutions extrêmes, se dit alors le notaire, a mis de l'ordre dans ma propre vie et dans la vie de mes pensées, mon irritation née du comique irrésistible de la vie m'a permis pour ainsi dire d'y voir un peu plus clair dans ma propre vie et dans celle de mes pensées. La comédie, à force d'engendrer l'irritation, a fini par créer le désert autour de moi, un désert dans ma pensée. Ce n'est pas au désert voulu ou ambitionné que le notaire est parvenu cependant, non, ce n'est pas qu'il soit parvenu à force de volonté ou de prétention obscure à créer ce désert entre lui et les autres, mais c'est au désert né de l'irritation qu'il a abouti, non pas l'irritation passagère et passionnée, mais l'irritation constante et élevée à la puissance carrée de l'ennui, qui prend pour cible le comique vaste et dérisoire de la vie. Qu'il soit parvenu à créer le désert autour de lui en plein département du Maine-et-Loire à bord d'une BMW conduite par lui, personne ne pourrait le démentir en tout cas. Avec l'application notariale qu'on devine au notaire en tout ce qu'il entreprend, avec cet art du long détour dans lequel il est passé maître, le notaire est parvenu à repousser les frontières de ce désert parcouru par lui au cœur du Maine-et-Loire, en empruntant chaque jour le réseau des routes départementales, à bord de la BMW. Kilomètre après kilomètre, le notaire a laissé croître le désert autour de lui, ou pour mieux dire, kilomètre après kilomètre, le désert s'est installé en lui. Certains passeront leur vie à étendre le cercle de leurs relations (comme ils disent, se dit le notaire) ; à étendre leur puissance, leurs affaires et leur action, ils emploieront toute leur énergie ; moi, se dit le notaire, je suis parvenu à repousser les limites du désert. Saisir la nuance inimitable de comique irrésistible et désespérant de la vie, cela ne pouvait mieux se faire qu'avec cette puissance calme du détachement parfait qui se communique aux pensées de celui qui, en étant le conducteur, mène son véhicule à bonne allure sur les routes du département. Mettre les distances d'un Sahara entre lui et le monde, cela ne fut guère difficile pour le notaire déchu, qui depuis des années parcourt à l'insu de tous les routes du département à bord d'une lourde voiture de marque allemande. Le désert (se dit le notaire), s'il existe ailleurs que dans les contrées réputées désertiques, le notaire alors, qui à bord de la BMW règle son allure sur le cours de ses pensées, peut attester qu'il se trouve dans le département du Maine-et-Loire. Ma comédie ne pourrait se dérouler dans un autre département, mes gestes et mes pensées ailleurs que dans ce désert né de l'irritation, je les imagine dépourvus totalement de leur signification, sans portée majeure et décisive, remarque le notaire, cela sentirait son décor, la fabrication, n'importe où ailleurs, je me sentirais complètement nul ou complètement inexistant, un comédien qui agit et pense inutilement dans un décor préfabriqué. Chaque jour, l'écart se creuse davantage entre moi et le monde, et c'est très bien, observe le notaire, manifestant ici une forme de raffinement dramaturgique, cela ne pourrait même être mieux, ajoute-t-il. À l'allure de quatre-vingts kilomètres-heure, on parcourt dans une journée entière un vrai désert, ou une vraie portion de désert, peu importe la distance parcourue du reste, naturellement il faut savoir que le désert parcouru par la pensée ne dépend pas des kilomètres parcourus. Le désert véritable n'est pas le Sahara, la vérité du désert se déploie dans le théâtre du comique, allez comprendre, dit le notaire, que seul le registre du comique peut décrire comment le désert s'introduit dans les gestes et dans les pensées de celui qui fait le vide autour de soi. Être dans le désert, affirme péremptoirement le notaire, c'est être au milieu de la pensée, c'est être au milieu, sans savoir au milieu de quoi on se trouve. La prise de conscience du caractère irrésistiblement comique de la vie exclut le divertissement et fixe celui qui se met à y penser (au comique vaste de la vie) en plein désert, ce désert fût-il circonscrit aux frontières départementales du Maine-et-Loire. Nous nous trouvons toujours au milieu de quelque chose, nous ne savons jamais où nous sommes, nous nous employons manifestement à nous trouver quelque part, l'évidence est que nous cherchons, autant qu'il est en notre pouvoir, à penser quelque chose qui nous fixe quelque part, la pensée s'épuise à penser quelque chose, c'est pourquoi nous nous inventons des destinations (des destinations saugrenues), pour nous donner l'illusion simplement d'aller quelque part, d'arriver quelque part où nous puissions enfin penser quelque chose. Le comique arrive au crépuscule, le comique n'est pas loin de l'essoufflement, le comique rase l'extinction complète et définitive, lorsque celui qui se met à penser au comique de sa situation (c'est-à-dire au comique de sa propre vie) n'arrive plus à penser qu'une seule chose, c'est qu'il n'a jamais pensé encore ou qu'il ne pense pas encore (au moment même où il pense qu'il ne pense pas). Une fois que cette pensée s'est introduite dans votre tête (qu'on n'a jamais pensé, de toute sa vie passée, et qu'on ne pense pas encore actuellement), toutes les autres pensées désertent l'esprit, la tête n'héberge plus que cette seule pensée, celle que rien n'a été jusqu'à présent pensé jusqu'au bout, que toute vie n'est qu'un ratage complet de la pensée. À condition de poursuivre sa route, c'est-à-dire de continuer à rouler avec constance et sans but, en repoussant, chaque fois que se manifestent les premiers signes de fatigue ou de lassitude, la tentation de s'arrêter, on va loin, on parcourt comme cela des étendues désertiques de pensée, des kilomètres et des kilomètres de désert. Il ne faut pas s'arrêter surtout, ne pas détourner sa pensée de la pensée, ne pas se laisser captiver ou enchaîner par le paysage qui se découvre devant soi, la pensée ne doit pas se laisser détourner d'elle-même au profit du paysage. Si on répète chaque jour l'exercice du long détour, l'opération de parcourir tous ces kilomètres chaque jour si on la mène jusqu'au bout, sans destination précise, on finit par prendre possession du désert, pense le notaire, on a même quelque chance d'en devenir, sinon le maître et possesseur définitif, du moins l'arpenteur perpétuel. Habitue-toi à mourir vivant, c'est le mot d'ordre du notaire déchu. Dès les premières années où il se mit à parcourir sans projet les routes du département, le notaire avait pris l'habitude de se nommer mentalement le notaire déchu. Dès ces années où il commença à faire consciencieusement et systématiquement le désert autour de lui, le notaire devint (pour lui-même) le notaire déchu. Le notaire ne pouvait plus faire un geste, dire quelque chose, sans prolonger l'action ou la parole du notaire d'un : le notaire déchu a fait ceci, le notaire déchu a dit cela. Au moyen de quoi, le notaire ne pouvait plus agir sans avoir en pensée qu'il échouait dans l'action, il ne put dès lors plus penser sans avoir en sa pensée l'idée que sa pensée n'aboutissait à rien. Le notaire aurait pu tout aussi bien se nommer le notaire dépressif ou le notaire déprimé, mais à dire vrai jamais l'idée qu'il était dépressif ou déprimé n'avait effleuré la pensée du notaire déchu, qui aurait du reste sans doute nié (si toutefois on lui en eût fait la remarque) qu'il pût être déprimé en quelque façon ; être déprimé ou dépressif, se serait dit alors le notaire déchu, c'est manquer singulièrement du sens de la totalité, de cette largeur de vue qui permet d'embrasser sa propre totalité. Saisir sa vie d'un seul regard, la considérer comme achevée, n'est-ce pas là d'ailleurs l'idée fixe du notaire déchu ? Au surplus, qu'on ne s'y trompe pas, reprend pour lui-même le notaire, ma vie est une comédie, une comédie qui n'est pas triste et qui n'est pas non plus déprimée, ma vie est une comédie qui a seulement besoin qu'on lui donne un titre et dont le héros se nomme le notaire déchu. Dans la comédie intitulée vie et mort d'un notaire déchu, notons qu'un notaire se trouve en fuite sur les routes départementales du Maine-et-Loire ou disons plutôt qu'il prépare sa fuite dans le département et se nomme notaire déchu, tout le temps nécessaire aux préparatifs de sa fuite sur les routes départementales. Qu'on se le tienne pour dit, ma vie a immédiatement (et irrévocablement) été déclin. Et le notaire poursuit. Ma vie a immédiatement été déclin, aussi loin que je me souvienne, je ne vois que déclin, indifférence maussade et déclin. Ma vie pourrait s'interpréter comme un processus rigoureux de capitulation. Voilà, se dit le notaire déchu (et ce n'est certainement pas la première fois qu'il se dit cela) tout en continuant à rouler à vitesse égale sur la route départementale : ma vie est un échec qui ne mène nulle part, et à ce moment-là, il fut saisi par un accès d'irritation qui se transforma aussitôt en rire, le notaire fut secoué alors par un rire irrité et irritant pour lui-même. Il a suffi en effet qu'un seul jour le notaire prenne la vie par un de ses côtés (par un seul de ses côtés) pour qu'elle lui apparût immédiatement et irrémédiablement comique, d'un comique qui déclencha ce rire inextinguible du notaire. Le rire notarial se déduit de la tendance accusée qui est chez le notaire à prendre la vie d'un seul côté. La nature du rire du notaire, qui a trouvé à s'exprimer amplement depuis qu'il a découvert sa propre vie sous un de ses côtés, est convulsive et chronique, son rire ressemble à une toux incurable. Le notaire déchu, précisons, ne supporte pas son rire, il répugne à entendre ce rire frénétique porté sur toutes choses vues par un seul côté, de même qu'il ne supporte pas sa voix (il a en horreur cette voix, sa voix lui colle immanquablement une impression insoutenable d'écœurement, elle le déprime au plus haut point). Le notaire, avons-nous dit, est en fuite sur les routes départementales, précisons pour fuir le son de sa propre voix (et le son de son rire), peut-être ne serait-il pas faux de se représenter les choses de ce point de vue. Le notaire qui prépare sa fuite vise l'extinction complète et définitive de son rire, il appelle dans sa fuite à venir la fin de son rire. Que la conclusion de la comédie du notaire sonne le glas de son rire, voilà en tout cas, se dit le notaire déchu, une fin désirable. Autant le notaire s'est toujours employé à fuir tout ce qui lui est apparu une fois sous l'angle comique, autant il s'emploie depuis quelques années à fuir la possibilité de son rire corrosif. Ce rire n'est plus audible à la rigueur que dans la cabine insonorisée de la BMW que le notaire déchu conduit chaque jour sur les routes départementales : deux rangées de dents parallèles au-dessus du volant qu'il tient dans ses mains à dix heures dix, le son d'une toux qui s'échappe de la mâchoire entrouverte et les traits effacés du visage par le reflet du pare-brise, tels nous pouvons nous représenter le rire et la personnalité du notaire déchu. Le notaire déchu (comme il aime à se nommer) n'a réussi qu'une seule chose dans sa vie, c'est fuir constamment et systématiquement tout ce qu'il lui avait été donné de saisir ou d'apercevoir sous l'angle comique. Oui, que ma vie fût entièrement consacrée à la fuite, je ne pourrais le démentir, moi qui ai toujours eu la capacité d'être horrifié par le comique de la vie. Depuis les premières années de ma vie, j'ai compris que ma vie serait, sinon un échec total, en tout cas une vie dédiée à l'échec, tout entière obsédée par l'idée de l'échec, empoisonnée par l'idée de l'échec, c'est-à-dire finalement entièrement consacrée à l'échec. Peu d'hommes se sont consacrés comme moi à l'échec, qui ont fait de l'échec leur raison de vivre, pas un seul, j'affirme, n'a organisé l'échec comme j'ai su l'organiser. Je ne me suis jamais soucié que d'une seule chose, poursuit le notaire sur sa lancée, c'est échouer en toute chose et décevoir. L'échec m'a servi de règle de vie, chaque moment de ma vie, je l'ai vécu intensément avec la pensée qu'elle ne mènerait nulle part (ma vie), qu'elle n'était bonne à rien, qu'elle ne me mènerait nulle part et qu'elle n'apporterait rien à personne. L'idée de l'échec comme principe auquel on décide de soumettre l'examen des choses en général et de sa vie en particulier, voilà bien dans la pensée du notaire, le principe d'un authentique travail sur soi. Voilà comment travailler à une conception propre, se dit le notaire. Décevoir, par quelque instinct de survie inextricablement mêlé au raffinement dramaturgique qui est le sien, le notaire ne s'en est pas privé, lui qui est devenu incarnation triomphante de la bifurcation perpétuelle. Échapper à l'ambition des infirmes, le notaire n'y est parvenu qu'à force de décevoir. En moi, l'échec a été porté à sa plus haute exigence, j'entends à l'exigence de clarté totale. En moi l'échec a triomphé, j'ai fait de l'échec une règle de vie et d'interprétation de la vie, ma vie, si je l'examine, est et a été sur toute la ligne triomphe absolu de l'échec, en moi l'échec n'a jamais rien engendré que l'échec, il n'a jamais servi l'ambition infirme. Depuis toujours, je peux le dire, j'ai aimé décevoir, j'ai cultivé l'art de la déception jusqu'à son plus haut point, repoussé les limites dans cet art de décevoir jusqu'à ce que tous mes gestes et toutes mes paroles pussent mener à coup sûr à l'échec. Décevoir en effet, autant que j'ai pu, j'en ai approfondi l'art et la manière jusqu'à découvrir qu'il n'était d'autre moyen d'échapper à l'ambition infirme que d'accompagner chacune de ses actions et chacune de ses paroles de la pensée qu'elle (l'action en cours) est action pour rien, ne donnant rien et qu'elle (la parole en cours) est parole pour ne rien dire, parole ne menant nulle part. Pour échapper à l'ambition infirme, je n'ai pas trouvé d'autre moyen. Je pourrais dire (se dit le notaire déchu) que j'ai fait de ma vie un processus de déception généralisée dans la préoccupation constante et intensément poursuivie de clarté. C'est pourquoi, ajoute-t-il en pensée, j'ai toujours su garder les distances, savoir fuir j'ai toujours plus ou moins su que c'était là mon affaire. Le notaire déchu, avant même que de se dire déchu, de se nommer mentalement notaire déchu, a toujours fui tout ce qui l'entourait, êtres et objets confondus, il s'est toujours arrangé pour éviter d'entrer trop souvent ou trop directement en leur proximité. Contourner les êtres et les objets, les tenir dans la juste distance, il faut savoir. Survivre et garder les distances, même chose, il le sait. Au fond, ma vie est impossible, pense le notaire, et le notaire déchu commente par là-dessus : ma vie effectivement a été, est et sera impossible, au sens où tout ce qui est arrivé (et m'est arrivé), arrive (et m'arrive) ou arrivera (ou m'arrivera) (m')a été, (m')est ou (me) sera gage d'échec, de capitulation (devant ce qui m'était, m'est ou me sera possible). Je me suis enfermé, je me suis bel et bien rendu prisonnier de ma vie qui fut totalement et à chaque instant l'œuvre de l'échec qui ne mène à rien. Aussi bien, j'ai passé ma vie à me rendre impossible le métier de vivre et pareillement j'ai passé cette vie (qui est la mienne) à rendre impossible celle des autres. Il le sait, celui ou celle qui m'a approché ou a vécu un certain temps près de moi, que j'ai le génie de rendre la vie de ceux qui m'approchent (ou vivent un certain temps près de moi) impossible, je veux dire, précise le notaire déchu au volant de sa BMW, que je suis purement et simplement un bousilleur. Si j'avais été déménageur ou livreur de pianos, je me serais nommé volontiers (et tout aussi bien) déménageur déchu, et j'aurais accompli mes déménagements avec le même sentiment de l'échec, de même que si j'avais été fonctionnaire, je me serais volontiers baptisé fonctionnaire déchu, et j'aurais alors rempli ma fonction à la perfection, avec le même sentiment d'inutilité radicale. Si j'avais été écrivain, je me serais nommé de même écrivain déchu, et chacune des lignes que j'aurais écrites aurait proclamé l'échec d'écrire et l'échec de toute littérature. Pareillement, si j'avais été facteur, je me serais aussi nommé facteur déchu et j'aurais distribué chaque jour toutes ces lettres parfaitement inutiles avec le sentiment de l'échec total, j'aurais été un parfait facteur déchu et écœuré par sa tâche de distribution quotidienne du courrier. J'ai compris clairement que j'étais notaire déchu et aussitôt j'ai pris la fuite sur les routes du département, vous comprendrez par là, lança insolemment dans la BMW le notaire déchu à l'intention (et à la tête) du notaire, que j'ai continué à exercer mon métier de notaire, tout en prenant l'habitude de parcourir les routes du département aussi souvent (et aussi régulièrement) que j'ai pu. J'ai d'abord roulé aussi souvent que j'ai pu sur les routes du Maine-et-Loire, au hasard notez bien et sans méthode, et ensuite je me suis arrangé pour emprunter les routes du département le plus régulièrement possible et avec méthode, essayant de ne point trop, d'un jour sur l'autre, reproduire le parcours de la veille. Moi qui ne suis en aucun cas un notaire du Maine-et-Loire, mais un notaire exerçant en Loire-Atlantique, j'ai pris l'habitude (et la décision) ou bien la décision (et ensuite l'habitude) de parcourir les routes départementales du Maine-et-Loire. Le Maine-et-Loire est le département que j'ai élu, le notaire déchu qui est en moi dirait que j'ai choisi pour désert le département du Maine-et-Loire. Le notaire déchu n'était pas mécontent aujourd'hui, il filait à bonne allure sur le trait noir d'asphalte, les yeux fixés sur la route. Le notaire déchu n'était pas mécontent de parcourir à bord de sa BMW en cette veille de nouvel an les routes départementales du Maine-et-Loire. L'irritation parfois fait place au pur bonheur (ersatz de pur bonheur en réalité, pour lequel il n'existe pas d'expression appropriée d'ailleurs), peut se dire le notaire déchu qui savoure dans cet instant précis non pas le contentement mais l'indifférence quant à l'avenir. La vie du notaire est strictement cloisonnée. Depuis quelques années, les journées du notaire se divisent en deux parties distinctes l'une de l'autre et pour ainsi dire sans couloir de communication de l'une à l'autre. Il est vrai que le notaire déchu ne cesse d'adresser mentalement la parole au notaire, vrai que le notaire ne quitte jamais l'idée qu'il réalise à chaque minute l'essence ou le destin du notaire déchu. Qu'à cela ne tienne, c'est en toute tranquillité que le notaire exerce en matinée son métier de notaire, sans que la pensée qu'il est en chaque minute de son existence le notaire déchu ne vienne perturber la pensée du notaire en exercice de son métier de notaire. Il n'en est pas moins vrai qu'il n'y a pas de couloir de communication entre la vie (ou l'état) du notaire (le matin) et celle (ou celui) du notaire déchu (l'après-midi et le soir). Le matin, affaires du notaire, exercice du métier de notaire. Après-midi et soir, autodestruction du notaire déchu, travail à l'oubli de sa condition de notaire. Acte un, acte deux. Le matin, le notaire reçoit ses clients, gère leurs biens, cèle des testaments dûment paraphés par les testateurs. Après-midi et soir, le notaire déchu détruit tout et ainsi de suite, chaque jour. Le notaire s'emploie à travailler activement le matin, le notaire déchu travaille tout aussi activement après-midi et soir à détruire l'ouvrage du matin. Lendemain, même chose et ainsi de suite ad vitam æternam. Depuis des années maintenant, le notaire mène sa vie comme processus de capitulation divisé en deux temps : le matin, il cèle les testaments de ses clients ; l'après-midi et le soir (parfois jusque tard dans la nuit), il travaille à son propre testament, le testament olographe du notaire déchu, comme il dit. Le matin, affaires réglées avec le souci de vite et bien faire dans le cabinet notarial qui jouxte la maison familiale, en Loire-Atlantique. L'après-midi et partie de la soirée sur les routes départementales du Maine-et-Loire dans la BMW du notaire. Point n'est besoin au notaire déchu pour œuvrer à la rédaction de son propre testament d'un bureau de notaire, de partir en quête de ces formules notariales écrites par la main assurée et appliquée de n'importe quel notaire rompu à la langue, aux manières et à la diction des notaires. Point ne lui est davantage utile de faire l'inventaire de ses propriétés et songer à léguer biens meubles et immeubles à sa parentèle, le testament du notaire est sans légataire. Pour œuvrer à son propre testament, le notaire recourt ainsi au genre nouveau dans l'art de rédiger son testament, au genre du notaire déchu qui œuvre à sa propre ruine. Le notaire, sur les routes départementales du Maine-et-Loire, est à la recherche d'une formule qui ne serait celle d'aucun notaire et qu'aucun notaire ne pourrait interpréter avec le seul appui de ses connaissances en matière de droit. Le notaire travaille à la rédaction d'un testament illisible pour tout autre que lui, pour tout autre qui ne renoncerait pas à sa propre pensée, à sa propre logique pour adhérer à la pensée et à la logique du notaire. Considérant les étendues infinies du désert qu'il a conçues en la forteresse de ses pensées, le notaire travaille à se rendre illisible, c'est-à-dire qu'il travaille à rendre impossible la lecture de son testament par tout autre que lui-même. Provisoirement, pense le notaire, je me dois de considérer mon testament comme un acte de non-succession radical, comme l'acte du plus pur refus. Il faut que ce testament soit dans sa forme et dans son contenu un non-testament ou plutôt un anti-testament. Il n'est pas donné à tous de se rendre illisible, se rendre illisible et distant est la tâche la plus haute et la plus difficile à laquelle puisse aspirer un notaire digne de ce nom, décrète le notaire déchu. Il y a une tentation très grande en toutes choses accomplies ou en voie de s'accomplir, qui est celle (la tentation) de céder quelque chose, de céder pour engendrer, d'engendrer pour être reproduit ou pour être suivi. De céder au désir de postérité, la tentation est grande en effet. La voie la plus commune consiste à parcourir la pensée déjà tracée, partant, la voie la plus difficile concerne l'exigence de l'incompréhensibilité. Tout cela est provisoire, statue à nouveau le notaire déchu à l'intention du notaire, et exige des éclaircissements nombreux, des réajustements multiples, des corrections successives. On ne peut pas tout livrer d'un seul coup, alors il vaut mieux ne rien dire du tout, se taire aussi longtemps que la pensée n'a pas renoncé à vouloir dire quelque chose. L'injonction du silence doit présider aux phrases testamentaires, ces phrases doivent cheminer à travers les choses non dites. Certains jours, où les formules testamentaires naissent dans la tête du notaire, celui-ci doit s'arrêter immédiatement de conduire et garer la lourde BMW immatriculée 44 sur le bas-côté de la route. Le notaire ferme alors les yeux et regarde les phrases testamentaires défiler devant lui. La voiture à l'arrêt du notaire, parfois ébranlée au passage d'une autre voiture ou d'un camion qui la double, le notaire y reste enfermé indéfiniment et il contemple une phrase de son testament se déployer lentement devant ses yeux fermés. La phrase définitivement gravée en lui, le notaire met le contact et reprend sa route. D'autres fois, le notaire déchu doit interrompre sa route et louer une chambre sur place. Incapable de conduire plus loin, le notaire doit immédiatement stationner sa voiture sur le parking d'un hôtel et louer une chambre dans cet hôtel. À l'hôtelier ou à l'hôtelière qui se présentent à lui, le notaire demande une chambre, n'importe quelle chambre fera l'affaire pourvu qu'elle possède un bureau ou une table, un support sur quoi rédiger la phrase testamentaire. Peu m'importe le mobilier de la chambre, peu m'importent les dimensions de la chambre, peu m'importe le goût (dans le meilleur des cas) ou l'absence de goût (dans la plupart des cas) avec lequel (ou laquelle) on a arrangé cette chambre, peu m'importe la vue sur laquelle donne la fenêtre de cette chambre, explique le notaire à l'hôtelier ou à l'hôtelière, je vous demande seulement que cette chambre possède une table, un bureau, quelque chose sur quoi écrire. Cette table ou ce bureau exigés par le notaire permettent au notaire de rédiger quelques lignes de son testament, dans une langue qui n'appartient qu'au notaire déchu, la langue testamentaire qui est le propre du notaire déchu. Sur des tables étroites, collées contre des murs tapissés sans goût, le notaire a déjà rédigé les premières lignes de son testament. Le notaire a rédigé les premières lignes de son testament dans de telles chambres et immédiatement après il les a détruites dans ces mêmes chambres. Toute la difficulté réside dans l'écriture des premières lignes, comment commencer, par quoi commencer, voilà tout le problème. S'il ne s'agissait que de trouver la deuxième phrase, la troisième phrase, ou la quatrième phrase, tout irait bien, pense le notaire déchu, s'il ne s'agissait que de cela, enfiler les phrases une fois que le commencement est trouvé, mon testament serait rédigé depuis des années (et je n'aurais pas à faire tout ce chemin), s'exclame-t-il, dans la minute même où la première phrase en serait écrite, toute la suite en découlerait naturellement, non pas comme si le texte était déjà rédigé dans ma tête de notaire déchu, mais comme si de la première phrase écrite dépendait l'écriture de tout le reste. Aussitôt qu'on se met à penser à la première phrase, pense le notaire, rien ne va plus, la première phrase empoisonne l'existence, la première phrase exige le plus grand sacrifice de soi, aussitôt qu'on y pense, on n'arrive plus à penser à autre chose, on ne pense plus à rien d'autre qu'à cette phrase maudite entre toutes. Comment voulez-vous débuter un testament, votre propre testament, sachant que vous n'êtes pas mort (pas encore mort), sachant que vous êtes vivant (encore vivant) et que votre mort n'est qu'à venir, qu'elle est possible seulement, sachant qu'au moment où vous pensez à votre testament, où vous pensez à le rédiger, où vous pensez d'abord à en rédiger la première phrase, où vous employez toutes vos capacités et toute votre intelligence concentrée (toutes vos capacités et toute votre intelligence concentrée de notaire si par exemple vous êtes notaire, dit et précise le notaire déchu) à en chercher la première phrase (la phrase de tête qui ouvrira le testament), comment voulez-vous, dans ces conditions, alors que vous ne savez rien encore de votre propre mort, quand elle arrivera (quand vous mourrez, vous ne le savez pas), comment elle arrivera (comment vous mourrez, vous ne le savez pas), rédiger la première phrase, c'est-à-dire d'abord vous la prononcer mentalement, ensuite la coucher sur le papier, la retranscrire aussitôt que vous l'avez trouvée en votre esprit ? Une telle phrase ne se trouve pas en l'esprit, pas plus en l'esprit du notaire qu'en n'importe quel autre esprit, elle ne se trouve nulle part, cette phrase ne se trouve nulle part, il faut la trouver au sens, précise le notaire déchu à l'intention du notaire, ou il faut l'inventer. Il fallait bien prendre la route, se dit le notaire, dans ces conditions il n'y avait d'autre solution que de prendre (une bonne fois pour toutes et aussi longtemps que l'élaboration de l'anti-testament l'exigerait) la route, je ne pouvais faire autrement, je n'ai pas eu le choix, que de prendre la route comme on dit, se dit le notaire, non pour aller quelque part, non pour me rendre et me trouver (après m'y être rendu en voiture) quelque part, mais pour trouver la phrase de tête, la phrase qui ouvrirait mon testament (une fois pour toutes) et dont toutes les autres phrases se déduiraient (une fois qu'elle serait trouvée et rédigée par moi), dont tout le reste de mon testament pas encore écrit mais à écrire dépendrait. La première phrase conduirait n'importe quel fanatique aux solutions extrêmes, un notaire déchu le sait trop bien, et à vrai dire, si le notaire roule sur les routes départementales du Maine-et-Loire, c'est pour se protéger des solutions extrêmes. L'hygiène du conducteur comme garde-fou contre les solutions extrêmes, voilà la solution choisie par le notaire, qui répugne aux ambitions infirmes et fanatiques. La mort, c'est sûr, achèvera la carrière du notaire, une fois pour toutes elle mettra fin aux gestes et aux paroles du notaire, mais celle du notaire déchu, certainement pas, car le notaire déchu l'a devancée, sa propre mort, depuis des années, il est depuis toujours, en tant que notaire déchu en route sur les routes départementales du Maine-et-

Loire, déjà mort. Nul besoin de se la représenter (sa propre mort) ou de se laisser fasciner par elle (se laisser impressionner par les images de sa propre mort) ; si le notaire déchu pense sur sa route aux accidents, il ne pense pas à ceux qui pourraient survenir et vous arracher brutalement à la vie, il ne se demande pas quand ces accidents pourraient se produire, il ne cherche pas à savoir comment il pourrait lui-même, s'il venait à être accidenté de la route comme on dit, trouver la mort (comme on dit justement) dans un de ces accidents de la route ; non, ce sont les accidents qui n'arrivent pas vraiment, les accidents qui ne se produisent pas vraiment, les accidents qui n'ont pas besoin de se produire pour vous anéantir, qui occupent la pensée du notaire et préoccupent le notaire. Ainsi, pense le notaire (car il s'en est convaincu lui-même), le notaire n'a pas besoin de mourir pour achever son parcours, il n'a pas besoin d'imaginer sa mort pour rédiger son testament, en réalité, pense le notaire sous l'influence du notaire déchu, il est déjà mort (le notaire déchu est un notaire mort), et si son testament est sans modèle, c'est que le notaire qui doit le rédiger est un notaire déjà mort. Le notaire prend le volant de sa BMW et aussitôt les idées mortelles lui viennent, ces idées de mort assaillent son esprit et perturbent sa pensée, comme elles assaillent sans doute l'esprit (et perturbent sans doute la pensée) de tout autre conducteur, se dit le notaire. Rouler sur les routes départementales dérègle l'ordre normal des pensées du notaire, rouler sur ces routes déclenche la pensée du notaire déchu, alors commence au point de vue du notaire sous l'influence du notaire déchu la vraie pensée, la pensée du notaire déchu qui doit parcourir les routes départementales du Maine-et-Loire pour penser véritablement. Dans son étude de notaire, le notaire ne pense à rien, pas une seule pensée ne se forme dans la tête du notaire assis à son bureau de notaire. Dans la maison qui jouxte le cabinet d'étude du notaire, tandis que le notaire est occupé à son activité de notaire, le fils du notaire joue au puzzle, son fils, non loin du notaire qui se trouve enfermé dans son cabinet de notaire, retranché derrière son bureau de notaire, fabrique des puzzles dans la maison qui se trouve à quelque distance de l'étude du notaire. Ma vie de notaire est la vie de non-pensée, se dit alors le notaire, qui pense au fils du notaire qui fabrique dans la maison à côté ses puzzles, tandis qu'il (le notaire) se livre à son métier de notaire. La vie est un perpétuel encombrement et ma propre vie de notaire, se dit le notaire en route, a été et continue à être à tout point de vue un encombrement. La vie est un processus d'obstruction qui s'oppose à la pensée. Il se passe beaucoup trop de choses dans une vie, pour qu'on puisse se mettre à penser à la vie, il s'est passé beaucoup trop de choses dans ma propre vie, pour que je puisse, maintenant que toutes ces choses se sont produites, me mettre à penser, à y penser (à toutes ces choses qui se sont produites) sérieusement. Dès qu'on se met à penser à toutes ces choses qui se sont produites, dès qu'on cherche à y penser sérieusement un instant, voilà qu'elles vous apparaissent comiques et dérisoires, on ne peut pas se mettre à penser à toutes ces choses sans ressentir tout à coup le sentiment qu'elles (toutes ces choses auxquelles vous pensez, après qu'elles se sont produites) se sont produites sur la vaste scène du théâtre comique. Trop d'êtres (autour de soi), trop d'objets (à soi et autour de soi), trop de soi-même, tout est de trop, on ne peut plus vivre à cause de toutes ces choses qui se produisent dans la vie, et dès qu'on se met à penser à sa propre vie, son comique vous saute aux yeux. Le notaire déchu ne parcourt les routes départementales du Maine-et-Loire qu'en vue de redonner à ses pensées un cours plus neuf, traverser le désert du Maine-et-Loire, c'est pour le notaire l'unique moyen à sa disposition afin de mettre un peu d'ordre et de nouveauté dans sa pensée. Si je pouvais au moins aller jusqu'au bout de ma pensée, ou ne serait-ce qu'au bout d'une de mes pensées, se dit le notaire, j'éviterais les solutions extrêmes, je devancerais ma ruine, se dit le notaire déchu. Et brusquement, le notaire déchu pense au sentiment de désespoir absurde ressenti et cultivé dans ces chambres d'hôtel solitaires louées pendant ses traversées du désert. Je me suis toujours plu, incroyablement plu, à déprimer dans de sinistres chambres d'hôtel, cherchant à rédiger mon anti-testament sur des tables étroites. Inconfortables et absolument déprimantes ont toujours été ces chambres d'hôtel, où âprement j'ai tenté d'atteindre la phrase juste. Aussi loin que je me souvienne, j'ai toujours poursuivi la phrase juste, oui, l'hôte déprimé des chambres vides et froides qui se trouvent sur les routes du Maine-et-Loire l'atteste en personne, trouver la phrase juste est la tâche la plus difficile et la plus haute. Tout l'enfer de ma vie, poursuit le notaire déchu, a consisté pour une très large part dans la quête infinie, âpre et continue de la phrase juste. Seul un long silence peut préparer l'avènement de la phrase juste, la phrase juste qui est la première phrase digne de figurer en tête de mon testament ne peut se former accidentellement dans une tête pleine de mots (et d'idées), d'une tête encombrée de mots (et d'idées) il ne sort rien de bon, une tête obstruée par les mots (et les idées que ces mots déguisent) ne pense rien, elle répète inutilement le ratage de la pensée. J'ai toujours, aussi loin que je me souvienne, répète le notaire déchu, recherché la phrase juste, celle qui exprimerait parfaitement ma pensée. Je gare ma voiture dans un parking d'hôtel, je me précipite à la loge, je demande qu'on m'ouvre l'accès d'une chambre, n'importe quelle chambre fera l'affaire à la condition que s'y trouve une table, un support convenable pour le travail d'écrire, et voilà, je me retrouve seul (encore plus seul et plus désespéré que dans ma voiture parcourant les routes du département) et je n'ai pas fait encore un pas dans la chambre louée, je n'ai pas eu le temps de m'avancer vers le bureau, de m'asseoir devant ce bureau qui se trouve en quelque coin de la chambre, que je sais déjà qu'elle m'a échappé ou qu'elle est en train de m'échapper. Tout se passe dans un même mouvement, j'entre dans la chambre louée et aussitôt la bonne phrase (ou phrase juste) me sort de la tête et m'échappe, je découvre au moment où je pénètre dans la chambre qu'il est trop tard, que j'ai trop attendu, le moment de l'écrire est passé, la phrase m'a échappé. Je ne puis en vouloir qu'à moi-même : pas assez rapide, encore manqué, me dis-je, la phrase juste qui était sur le point d'être tenue par moi (une bonne fois pour toutes, après une recherche assidue j'allais la tenir, pensais-je, après avoir été moi-même si péniblement tenu en haleine) vient de m'échapper, cause de certaine lenteur ou de ma paresse d'esprit. À ce point parvenu, je ne suis plus même capable d'analyser la situation clairement : cause de certaine lenteur dans la captation de l'idée ou de ma paresse d'esprit à la transcrire aussitôt que captée (l'idée), je serais bien incapable de savoir ce qui m'a joué ce mauvais tour. Je puis seulement me dire, une fois de plus et rageusement, que la première phrase de l'anti-testament s'est une fois de plus dérobée, la phrase en tête du testament particulier du notaire déchu vient tout juste de lui échapper. Il y a de quoi devenir fou, personne ne peut imaginer à quel point cela peut rendre fou. Voilà, dans la chambre sinistre d'un hôtel désert au bord d'une route départementale, je me retrouve au point de départ. Après avoir parcouru tous ces kilomètres à la recherche d'une phrase susceptible de contribuer de manière décisive à l'architecture de mon anti-testament, de le commencer, sur le point de coucher la phrase d'en-tête sur une page blanche étalée sur une table collée au mur d'une chambre d'hôtel déprimante, j'en arrive à la conclusion qu'elle m'a échappé. Voilà la conclusion, la phrase d'ouverture m'a une fois de plus échappé. Je tourne en rond dans la chambre, je compte mes pas et je manque devenir fou, complètement fou. J'évite mon visage dans la glace dans la salle de bains, car dans ces moments-là je sais que sans être complètement fou, j'ai déjà toutes les apparences de l'homme fou et je veux m'épargner ce spectacle mortel de l'homme surprenant les traits de la folie sur son visage, alors qu'il sait qu'il n'est pas encore fou, ou pas positivement fou. Le notaire déchu évite son visage dans la glace et se couche tout habillé. Il dort une dizaine de minutes et il ouvre les yeux dans la chambre d'hôtel, le corps ankylosé. L'idée fixe reprend alors possession du notaire, l'idée d'une œuvre à accomplir qui rachèterait son existence coupable, l'idée noire du testament radical, œuvre du notaire déchu, s'empare à nouveau de la pensée du notaire et accapare à nouveau la pensée du notaire. Il me faut, pense alors le notaire déchu qui se redresse sur le lit, il me faut mettre un peu d'ordre dans cette chambre et repartir. Sortir de la chambre, une fois qu'un peu d'ordre y a été mis, en laissant derrière soi la lumière allumée dans la chambre, cela prend moins d'une minute au notaire qui descend des escaliers et rejoint la voiture sur le parking. Dans ce moment où le notaire quitte la chambre louée, il se dit que le testament du notaire déchu se trouve hors de sa portée, toute ma vie, se dit-il, j'ai poursuivi l'idée d'un testament rédigé dans un genre inédit, et cette idée du testament à laisser derrière moi m'a gâché la vie, elle s'est insinuée dans mes pensées et dans mes gestes, d'abord je ne l'ai pas remarquée, je n'ai pas aperçu que l'idée d'un testament à laisser derrière moi commençait à prendre possession de moi, à accaparer ma pensée, il était trop tard, se dit le notaire, lorsque je me suis aperçu que l'idée du testament était en moi, trop tard pour m'en défaire, l'idée du testament avait déjà ruiné ma pensée, l'idée du testament m'avait déjà transformé. La vie est la croissance de l'idée fixe, très souvent la vie de l'individu se cristallise et se transforme en idée fixe, la vie du notaire déchu à l'exemple de n'importe quelle vie s'est transformée, elle aussi, en une idée fixe qui a ruiné la vie du notaire, qui a contaminé toute la pensée du notaire et ruiné la vie du notaire. L'idée fixe prend naissance dans nos pensées, elle germe et prend progressivement plus de place dans notre pensée, elle colonise toutes nos pensées, une à une, elle en prend possession, comme un poison, jusqu'à ce que finalement (une fois que toutes nos pensées ont été colonisées par l'idée fixe), il ne reste plus qu'elle (l'idée fixe) en notre pensée, qui est empoisonnée par l'idée fixe. Toujours plus de place, encore et toujours plus de place, l'idée fixe veut occuper toute la place qui est dans notre tête, le peu de place qu'il y a dans notre tête, l'idée fixe veut l'occuper entièrement et définitivement, elle ne cherche plus qu'une seule chose, une fois qu'elle a commencé à prendre racine dans notre tête, faire système comme on dit. Le point culminant de la vie, qui est aussi le point où la vie atteint son plus haut degré de dangerosité, est le moment dans la vie (chacun dans sa vie passe par ce point) où l'idée fixe, qui a pris racine dans la tête et occupe la place de la plupart de nos pensées, prend possession de toute notre pensée et fait de notre pensée un système ou une pensée systématique. C'est alors que nous perdons la raison, ou plutôt c'est alors que le peu de raison que nous avons se met au service (totalement au service) de l'idée fixe, dévouée à l'idée fixe et assujettie à elle.

Avant que nous ne perdions définitivement la raison, c'est-à-dire dans le temps où l'idée fixe prolifère sourdement dans notre cerveau et distille son poison, nous gardons encore l'usage de notre raison, notre raison que nous employons, du reste, durant tout ce temps à des vétilles sans intérêt pour la pensée. Pendant tout ce temps, et tandis que nous nous intoxiquons (nous intoxiquons notre pensée, sans y penser), l'idée fixe se dilue dans notre pensée, nous ne nous en rendons pas compte (nous n'y pensons pas), car l'idée fixe ne nous empoisonne pas encore l'existence, elle ne s'empare pas de nous totalement, si bien que nous nous intoxiquons sans y penser. L'idée fixe, dont nous commençons à prendre conscience, ne nous rend pas encore la vie impossible, nous n'avons pas, parvenu à ce point, besoin de lui résister. Le point décisif survient au moment de sa culmination (culmination de l'idée fixe), lorsque l'idée fixe culmine, atteint son maximum de puissance et qu'elle se propage dans toute notre pensée pour y faire tourner notre pensée en système. L'idée fixe fait place au système, l'idée fixe qui a germé dans notre tête et colonisé notre tête se fige au moment où le système prend position dans notre tête. Dans le même instant (une fois dans notre vie), l'idée fixe atteint son apogée, puis elle s'éteint, elle n'est plus dans notre tête qu'une idée morte (une idée ancienne) qui tourne à vide dans le système de notre pensée ou pensée systématique. Le système est l'avatar de l'idée morte, la vie que nous menons (une fois que l'idée fixe est devenue une idée morte) est le déchet de l'idée pure. Toute l'existence, alors que l'idée fixe n'est plus en nous que système, se soumet à la tyrannie du système. Nous nous trouvons alors enfermé dans notre propre système, qui est le produit de notre pensée (d'une pensée caricaturale qui s'est figée en idée fixe), notre vie, achève le notaire déchu, mains posées sur le volant, n'est plus alors qu'une comédie lancinante et bavarde. Souvent, lorsque son fils, le notaire le sait occupé dans le salon lambrissé à compléter ses puzzles, tandis que lui-même est occupé à son métier de notaire, le notaire déchu songe aux dégâts de l'idée fixe dans son existence. Mon idée fixe a tout ruiné, se met-il alors à penser, mon idée fixe nous a ruinés (a ruiné le notaire et le fils du notaire) et murés (nous a murés l'un et l'autre) dans un silence définitif. Déjà, avant ses six ans, le fils du notaire, on ne l'entendait guère, dans le salon familial où il se trouvait le plus souvent (le plus souvent il était parfaitement immobile et tout aussi parfaitement silencieux), on ne le remarquait pas davantage lorsqu'il avait quitté le salon familial pour s'enfermer dans sa chambre, où qu'il se trouvât, on ne pouvait guère faire la différence, qu'il fût présent ou absent dans la pièce, on ne le remarquait pas. Déjà il n'était pas tellement facile, avant ses six ans, songe le notaire qui est retranché derrière son bureau, d'entrer en communication avec le fils du notaire, mais passé l'âge de six ans la possibilité de communiquer avec le fils du notaire devint impossible radicalement; passé le jour anniversaire de ses six ans, le notaire, comprendre pourquoi, il n'a jamais su, son fils (le fils du notaire) est devenu brutalement silencieux et passionné du jeu de puzzle (tout aussi brutalement). Un puzzle fut offert à l'enfant déjà silencieux le jour de son anniversaire et aussitôt le fils du notaire ne cessa de jouer au jeu de construction qui lui avait été offert. Une belle tête de berger allemand (ou de dogue allemand) ça devait être, se remémore le notaire au sujet du premier puzzle offert à son fils le jour de ses six ans. Depuis le jour anniversaire où lui fut offert ce premier puzzle qui représentait une belle tête de chien, tête de berger allemand (ou bien de dogue allemand), le fils du notaire est entré dans un silence définitif. Des dizaines, des centaines peut-être de puzzles furent par la suite offerts au fils du notaire, si bien qu'il a passé son enfance, solitaire et muet, sur le tapis du vaste salon lambrissé à faire (et refaire) ses puzzles, sans que l'action (de faire et refaire ces puzzles offerts) n'aboutît jamais à d'autre résultat concret que le fait que le fils du notaire devint effectivement un champion du jeu de puzzle, chevronné dans l'art de faire (défaire et refaire) des puzzles, mais plus parlant, non. Si le notaire avait escompté, par l'entremise des puzzles offerts à son fils et le jeu de leur construction, pièce après pièce, auquel le fils du notaire était si accoutumé, sortir son fils du silence dans lequel il était muré, il s'était trompé, car le jeu du puzzle n'était parvenu qu'à enfoncer le fils du notaire déchu dans un silence plus radical. Quand un visiteur débarquait (ou débarque) dans le salon lambrissé, il était habituel (et ça l'est toujours) de féliciter le fils débile du notaire, de l'encourager dans sa construction des puzzles. Le notaire déchu gardait le silence, et le visiteur manifestait son admiration sur un ton de ravissement dissonant; le fils du notaire ne répondait rien et complétait son puzzle sans paraître remarquer la présence du visiteur, et le notaire ne disait rien non plus, il approuvait le silence et l'impassibilité de son fils qui continuait la construction du puzzle, tandis que le visiteur, on le laissait se dépêtrer, il n'avait qu'à se démerder avec ses explications et ses démonstrations d'enthousiasme dissonantes dans le silencieux et vaste salon lambrissé. Avant de jouer au puzzle, le fils était silencieux déjà, mais dès le moment où on lui mit un puzzle entre les mains, ce silence devint pour le coup intense. Je ne connais pas de silence qui ait la qualité du silence de mon fils, songe le notaire qui admire le silence de son fils, je n'ai jamais entendu de silence plus vrai et plus expressif que celui de mon fils, pense-t-il avec fierté. Le silence véritable est assourdissant, il est plus bruyant qu'aucun mot crié à pleins poumons, il résonne plus fort qu'aucune parole. Le notaire, inspiré par le silence de son fils, a fini par l'imiter (le silence de son fils), il est devenu imitateur du silence filial, il est même passé maître dans l'art d'imiter le silence de son fils, devenu à force de l'imiter (le silence) professionnel dans l'exercice du silence. Après avoir longtemps résisté et même combattu le silence de mon fils, se dit le notaire, je suis brutalement devenu silencieux moi aussi. Je ne me suis à vrai dire jamais accommodé de ce silence, ce n'est pas l'habitude ou l'accoutumance qui m'a fait silencieux, je suis devenu d'un seul coup et violemment silencieux. Un jour, on ne sait pas ce qui arrive ou ce qui est arrivé, on devient un jour silencieux, monstrueusement et brutalement silencieux, on ne supporte plus le bruit, aucun bruit n'est plus supportable, par-dessus tout on abhorre le son de sa propre voix, le son même de sa respiration, on ne le supporte plus et, commente le notaire, on s'enferme, on passe de plus en plus de temps seul, beaucoup de temps seul à ne rien faire comme si ne rien faire était la condition pour que le silence fût parfait. C'est l'idée fixe du notaire déchu qui commence à se propager, commente encore le notaire déchu, en évoquant l'époque où il s'enferma, de manière inattendue et brutale, dans le silence. Le silence est le langage de l'idée fixe qui prend possession de votre tête, se dit le notaire, un silence martelé et assourdissant, il n'y a pas mieux pour faire entrer l'idée fixe dans la tête (et coloniser cette tête). Le notaire déchu est né à sa réalité de notaire déchu dans le silence capitonné de ses pensées. Le notaire a donné vie à un fils silencieux, et lorsque le fils du notaire eut six ans et qu'il ne dit plus rien, le notaire devint lui-même silencieux, d'abord en tant qu'imitateur accompli du silence de son fils, et finalement en tant que notaire qui se surnomma dans le moment même où il ne trouva plus rien à dire notaire déchu. Je me suis enfermé brutalement dans le silence (un silence hostile et froid, oui, dit-il), je me suis précipité, oui, contre le mur du silence, un mur froid et qui était hostilement dressé devant moi, et toutes mes pensées, je les ai eues face à ce mur hostile et froid du silence dans lequel je me suis enfermé, un jour brutalement, comme on s'enferme dans une chambre. Les pensées silencieuses du notaire déchu, toutes elles sont nées et toutes elles ont grandi face au mur du silence, pensa le notaire comme si ce mur avait toujours été là. La BMW continue à filer sur la route départementale et le notaire dans la voiture se dit, après tout, une phrase comme : j'ai donné vie et grandeur au silence, une phrase comme celle-là ferait l'affaire et pourrait me tirer d'affaire, pense le notaire déchu. Le notaire répète la phrase, il répète j'ai donné vie et grandeur au silence et la phrase répétée il la trouve aussitôt scandaleusement inadéquate, atrocement ridicule et bancale, cette phrase ne mérite même pas qu'on s'y attarde pour l'examiner une seconde, aussitôt dite elle mérite d'être oubliée et anéantie, d'être dénoncée et proscrite de la pensée. Cette phrase n'est pas la bonne phrase, cette phrase est infectée, elle est flanquée de béquilles, elle ne tient pas debout, je dois l'oublier immédiatement, dit le notaire déchu qui ne pouvait pas tout à fait réduire à néant cette phrase qui s'était nichée dans sa tête. Je n'ai jamais ni prononcé ni entendu phrase plus sordide (à prononcer et à entendre). Je n'ai jamais dit phrase plus moche. Si je commence avec une phrase souffrante et bancale comme celle-là, je ruine à coup sûr mon testament, je bousille tout d'un seul coup, se dit le notaire. Le testament dont j'ai l'idée ne peut souffrir une phrase pareille, c'en est fait de lui si je recopie cette phrase, je dois la chasser de mon esprit aussitôt, l'anti-testament ne survivra pas à une phrase dissonante, une phrase de ce type, surtout si elle se trouve en première position, si elle est la première phrase du testament, met fin au testament au premier coup. Une phrase impropre et tout l'édifice du testament qui est en la pensée du notaire déchu s'écroule. Une phrase comme ça ruine tout et les plans du testament sont bons à être jetés au feu, définitivement inutiles et vains. Le notaire déchu s'impatiente et accélère sur la route sinueuse, c'est contraire à son habitude. Sur sa droite, il aperçoit une imposante bâtisse dressée sur une éminence, un hôpital juché au sommet d'une colline, constate le notaire soudain attentif au paysage que lui découvre un virage. Mauvais signe, interpréta le notaire qui ne pouvait détacher son regard du bâtiment, que le paysage puisse se mettre à exister dans la conscience du notaire, n'est-ce pas là que le notaire se détourne de son projet ? Le notaire observe cependant d'un œil oblique l'imposante façade blanche, à main droite. Le notaire déplore de voir son attention détournée de sa conduite au profit du paysage, mais il ne peut s'empêcher de contempler l'hôpital, comme si une force irrésistible l'y poussait. Si le paysage commence à exister pour moi, c'est la fin, pense le notaire déchu, la fin du testament et ma propre fin. Si je n'en détourne pas immédiatement la vue, de l'hôpital, je cours droit à ma perte, c'en est fini une fois pour toutes de mon testament, pensa le notaire, tout est fini et achevé définitivement si je me mets à penser, à me représenter par la pensée l'hospitalité d'un hôpital. L'hôpital, il le sait bien, et par exemple cet hôpital sur sa droite, à quelques centaines de mètres de la route, au milieu du paysage, représente un danger ou une tentation dangereuse. Je vais me mettre à rêver d'une chambre d'hôpital, je vais me figurer l'hospitalité d'une chambre d'hôpital et je vais me figurer ses murs blancs et froids, je vais penser que toute ma vie aboutit là, doit aboutir là, pensa le notaire, dans cette chambre blanche. Pour un notaire déchu, cet hôpital au milieu du paysage est à l'image de ces solutions extrêmes qui hantent la pensée du notaire, cet hôpital représente pour moi beaucoup plus qu'un échappatoire ou qu'un expédient, pensa avec épouvante le notaire déchu qu'épouvantait la perspective de l'hôpital, il est la solution peut-être, la plus terrible et la plus déprimante solution, une solution définitive, mais tout de même une solution possible. Pour nous tous, remarque le notaire, qui redoutons au plus haut point d'entrer, de séjourner ou de finir (c'est-à-dire mourir) à l'hôpital, l'hospitalité d'un hôpital ne cesse pourtant pas de représenter une tentation extrême, jamais nous ne pouvons totalement nous défaire de l'idée d'une chambre d'hôpital où nous nous projetons par la pensée, nous nous transportons par la pensée dans un lit d'hôpital (nous sommes allongés sur un lit d'hôpital) ou sur une chaise d'hôpital (nous sommes assis sur une chaise d'hôpital) et chaque fois que l'image de cette chambre d'hôpital se présente en notre pensée, nécessairement et pour un temps très court nous nous représentons l'hospitalité de cette chambre d'hôpital et pour un temps très court nous nous figurons que nous sommes heureux dans cette chambre où nous sommes enfermés. On ne peut mener jusqu'au bout son existence comique et désastreuse sans que notre imagination morbide (et du reste aussi comique) nous fasse envisager la possibilité de finir ses jours, comme on dit, entre les quatre murs d'une chambre d'hôpital. Une fois que la possibilité de l'hôpital est envisagée, c'est-à-dire une fois que par l'imagination nous avons visité cette chambre d'hôpital et goûté (par l'imagination) son hospitalité, alors nous ne pouvons plus l'oublier, nous ne pouvons plus nous la sortir de la tête, cette chambre d'hôpital séjourne dans notre tête pendant des mois ou plutôt c'est nous qui finissons par y séjourner, pendant des jours, des semaines et des mois. Nous le savons bien, que l'hôpital est le plus triste lieu où finir sa vie, tous nous savons cela, la plus triste perspective que l'homme puisse concevoir de son vivant, c'est finir claquemuré dans une chambre d'hôpital (ou dans une chambre d'asile psychiatrique). Parmi toutes les possibilités débitées par son imagination, le notaire sait que la possibilité de l'hôpital représente la plus déprimante et la plus tentante possibilité. Le notaire admet que cette bâtisse haute et blanche isolée et juchée sur son éminence (qu'il appelle hôpital) n'en est peut-être pas un (après tout le notaire n'en sait rien), et cela d'ailleurs n'a pas d'importance, hôpital ou pas (avec ses malades et ses mourants enfermés à l'intérieur), asile de fous ou pas (avec ses fous enfermés à l'intérieur), cette bâtisse blanche (qui peut-être est un asile psychiatrique ou un laboratoire de chimie) m'évoque à moi l'hôpital et son odeur d'ammoniaque (avec ses malades ou ses fous ou ses mourants à l'intérieur), et cela me suffit pour penser que dans cette vaste et imposante bâtisse blanche m'est peut-être réservée une chambre où je pourrais trouver la paix. Une chambre à l'écart, je peux me dire cela, rien ne m'empêche humainement et raisonnablement de la désirer, d'être tenté d'y finir mes jours, savoir qu'on n'en sort jamais, de cette chambre, fascine même la pensée du notaire. Voyez combien serait dangereux au notaire de fixer plus longtemps la grande bâtisse blanche, qui est comme un point aveugle dans sa pensée. Si je fixe plus longtemps l'hôpital, se dit le notaire, si je m'arrête encore un moment sur son architecture, l'idée de mon propre testament je l'enterre (ou je l'enferme) dans le silence capitonné d'une chambre d'hôpital, et moi-même, je m'y enferme définitivement (je m'y enterre vivant), j'accepte alors l'idée de mon enfermement définitif dans le silence d'une chambre d'hôpital, et mes phrases décapitées, poursuit le notaire, je ne songe plus qu'à les inscrire sur un mur d'hôpital, pas sur le papier, mais sur un mur froid et hostile dans une chambre d'hôpital. Que cela soit dit, poursuivre la phrase à faire figurer en tête de l'anti-testament, lorsqu'on est parvenu à ce stade où la réflexion rase la non-pensée, exige plus qu'une concentration extrême, poursuivre l'idée du testament dans ces conditions requiert un sens marqué de la situation qui confine à l'aveuglement. Regarder devant soi pour courir après son idée fixe, voilà ce que le notaire pense être le meilleur pour lui. Qu'un accident arrive, il est déjà trop tard pour qui, s'il a survécu à l'accident, veut comprendre l'accident, s'interroger sur l'accident, sur les causes de l'accident autant que sur les conséquences de l'accident. Un accident perturbe tout, il s'ensuit pour la pensée un enchaînement de complications qui empêchent la pensée de s'exercer normalement après l'accident, comme elle avait coutume de s'exercer auparavant, avant que l'accident survienne et perturbe tout. Un accident de la route, comme cela s'appelle, n'importe lequel de ces accidents de la route qui se produisent par centaines chaque jour, met la pensée au défi, à chacun de ces accidents, la pensée affronte ce qui est scandale et perturbation pour elle, pensa le notaire, et chacun de ces accidents constitue au final un scandale terrible pour la pensée, dont la pensée ne se remet jamais. Il n'y a pas d'évidence en ce domaine-là, il est toujours trop tard pour réaliser que l'accident s'est produit, comprendre ce qui l'a provoqué, savoir comment il s'est produit exactement, etc., se faire une idée exacte de l'accident est impossible humainement. La pensée, elle-même accidentée, aussitôt sortie de l'accident, évacue toutes les pensées qui étaient en cours avant que l'accident ne se produise, au moment où l'accident se produit et longtemps après qu'il s'est produit il ne reste plus rien qu'un champ dévasté de pensées. Tout cela, au sujet des suites et des conséquences de l'accident pour la pensée, le notaire le pensa plus tard. Le notaire déchu n'entendit d'abord qu'un bruit sourd (un bruit inexistant, pensa-t-il plus tard), il ne perçut d'abord que le son mat (comme un son empêché, se dit-il plus tard en y réfléchissant), comme si le corps qui avait heurté la carrosserie avait voulu au dernier moment esquiver le choc et n'était parvenu à produire au cours du choc que ce bruit mat, assourdi. Ce bruit endormit la volonté du notaire un moment et c'est seulement une fois qu'il eut réfléchi à la nécessité qu'un corps ait heurté effectivement la carrosserie de la BMW qu'il comprit que l'accident s'était produit effectivement. L'accident, quel qu'il fût, interrompait la pensée du notaire. Quelle que fût sa gravité, l'accident importunait le notaire en coupant net le fil de sa pensée, l'accident, cet accident signalé par un bruit inexistant et détecté à peine par l'oreille du notaire, mettait le notaire devant le fait accompli. Un mouvement d'humeur vint alors au notaire, au moment où il comprit que l'accident s'était produit indubitablement. Achever une seule de ses pensées, aller jusqu'au bout de sa pensée, protesta le notaire, à l'évidence est impossible. Il fallut quelque temps avant que le notaire ne s'arrêtât, assez longtemps même après que le choc s'était produit, s'il est convenu d'appeler longtemps les deux ou trois cents mètres parcourus par la lourde BMW. Voilà deux cents mètres de trop, songea le notaire. Me voilà, poursuivit le notaire, dans une passe délicate, ces deux cents mètres de trop me mettent dans une position plus qu'embarrassante, me voilà en plein délit de fuite, voulus ou pas ces deux cents mètres de trop m'accusent, je me montre là sous mon plus mauvais jour, je ne suis plus là un notaire en fuite, nous n'assistons plus aux préparatifs de fuite du notaire déchu, mais nous avons là sous les yeux un fuyard. Précisons, la pensée d'avoir tué, le notaire ne l'avait pas, comment un bruit inexistant pourrait-il donner la mort, se dit en substance le notaire. Il crut bon de se justifier, cependant. Réaliser qu'il s'est produit, l'accident, quand la chaîne des conséquences est déclenchée, la conscience déjà y met un certain temps ; ensuite chercher à en mesurer la gravité, quand il est trop tard, s'avère inutile de toute manière. Qu'un corps étranger, par accident que le conducteur ne saurait éviter, se rencontre sur la trajectoire du véhicule, l'obstacle, la conscience du conducteur emprunte un parcours compliqué de pensées avant de prendre une décision à son sujet. Ne pas s'étonner qu'après le choc soudain le véhicule poursuive sa marche sur une ligne d'erre qui est la projection dans l'espace du temps de réaction du conducteur ; s'arrêter ou fuir, lorsque l'obstacle est derrière soi, le dilemme qui s'empare de la conscience du conducteur fautif se traduit par une longueur de route proportionnelle au sentiment de sa faute. Deux cents mètres durant, le notaire eut largement le temps de penser aux conséquences de l'obstacle sur sa pensée. Quelle que soit la nature de l'obstacle, il intervient dans ma pensée, il en interrompt le cours, il coupe court au processus de mes pensées, et quelle que soit la gravité de l'accident, l'accident déjà a presque tout ruiné, pensa le notaire. La rédaction de mon testament est compromise au plus haut point, et rien ne servirait, maintenant que la pensée est interrompue et que le fil de la pensée est rompu, de s'interroger sur les causes de son interruption, ou sur la nature de l'obstacle, sous prétexte de redonner à sa pensée un point fixe par où elle puisse s'élever au niveau auquel elle se situait avant l'accident. Tout obstacle, pourvu qu'il interrompe la pensée, est incontournable et indépassable. On ne revient jamais au point zéro, déplora le notaire. Le notaire déchu pensa cependant poursuivre sa route, feindre d'ignorer le choc qui s'était produit et simplement poursuivre à la même allure sur la route départementale, c'est-à-dire aller jusqu'au bout de sa pensée. Interrompre sa route, il le détestait, lui qui mobilisait toutes ses forces pour extraire de sa tête une pensée valable, digne d'être consignée dans l'anti-testament. Sentir au tournant la phrase venir, digne de figurer en exergue de l'anti-testament, et au même moment, lorsque la phrase commence à peine en lettres noires à naître dans la pensée, se voir arrêté stupidement sur place pour un motif arbitraire, souffle coupé, non, pense le notaire. Autant le notaire déchu accepte la peine qu'il s'inflige chaque jour, parcourir les routes départementales du Maine-et-Loire comme si les parcourir était le préalable pour déboucher sur les formules testamentaires et autant avec la peine, pour le prix d'une faute qu'il n'a pas commise, il endure sévèrement l'ennui, le sentiment d'abattement et l'affliction ; mais pour quelque motif extérieur que ce soit interrompre le fil de sa pensée au risque de jeter bas le projet de l'anti-testament, jamais. Pourtant il s'arrêta. Le notaire s'arrêta tout de même, il ralentit et gara la BMW sur le bas-côté de la route départementale. L'herbe verte mouillée sur la bande longeant la route se coucha sous les pneus larges de la BMW. Il sortit de la voiture et il en fit le tour, le regard inspectant la carrosserie noire impeccable. Il n'avait pas coupé le contact, le vombrissement du moteur emplissait le silence hivernal d'un son de vidange, comme si la réalité était tout entière aspirée par ce bruit de moteur qui tourne au ralenti, pensa le notaire. Il remarqua que l'aile avant gauche, entre la roue et la portière, était légèrement renfoncée. Il approcha les yeux de la carrosserie sur cette surface précise et distingua une pluie, une projection de fines gouttelettes de sang. Le notaire pénétra dans la BMW et reprit son chemin sur quelques centaines de mètres, à vitesse lente. Lorsque se présenta sur sa droite un chemin de terre menant à une ferme, il engagea la BMW sur ce chemin de terre, effectua une marche arrière et revint sur les lieux de l'accident, toujours aussi lentement. Et parcourant le chemin dans le sens inverse, le notaire fouilla le paysage devant lui, la tête vide, à la recherche du corps étranger qui avait heurté son véhicule. Il aperçut la silhouette allongée sur le bas-côté de la route, un chien était couché sur le flanc, à une dizaine de mètres de là. Tandis que la BMW s'immobilisait près de la place où le chien était couché, le visage du notaire demeura impassible. S'était-il traîné jusqu'à l'herbe pour s'y coucher ou le choc l'avait-il jeté là, impossible de déterminer la chose à coup sûr. Le notaire sortit du véhicule et approcha. La langue du chien pendait entre les mâchoires ouvertes, une langue rose et blanche ; la respiration était saccadée. Son aspect, au chien, normal ; rien n'indiquant l'agonie ou la douleur, si ce n'est l'immobilité. Le notaire approcha son visage de l'animal. Le pelage noir avec des nuances de roux était brillant. Le notaire fut étonné. Pas une goutte de sang n'était visible et pourtant cette immobilité de chien blessé, songea le notaire, l'immobilité qui ne peut qu'être celle d'un chien blessé, peut-être mortellement blessé, se dit le notaire. Ce chien est blessé ou sur le point de mourir, qui sait s'il ne va pas mourir dans moins d'une minute sous mon regard de notaire déchu, pour un peu je vais devenir le témoin de sa mort, se dit le notaire. Pas un signe avant-coureur du néant, constate cependant le notaire penché au-dessus de l'animal et cherchant à lire dans ses yeux. On ne sait pas si le regard du chien rencontre jamais l'homme, on sait seulement que la voix de l'homme sait se frayer un chemin propice où le chien peut entendre la voix de son maître. Le notaire déchu demeura silencieux, se demandant si le regard du chien qui était fixé sur lui le rencontrait vraiment. Le chien, dont le notaire ne saurait dire s'il est bâtard ou de race pure, est blessé, et le notaire déchu ne sait pas davantage s'il l'est, blessé, légèrement ou gravement. Le savoir, jugea le notaire en proie au doute et à l'amertume, n'est pas de mon ressort, certainement je ne peux rien avancer au sujet de l'état du chien, là-dessus je ne peux pas me prononcer. Pour qui n'est pas vétérinaire, justifia le notaire, ce n'est pas une tâche aisée mais quasi impossible que celle consistant à qualifier la blessure et à évaluer, après l'avoir dûment qualifiée, sa gravité. Tâche impossible est même, pour l'homme qui n'exerce pas l'art ou le métier de soigner les animaux, de se faire une idée précise de la nature de la blessure et de sa gravité. Je ne sais même pas, déplora le notaire en son for intérieur, si le chien souffre un peu ou beaucoup, et s'il souffre, à quel étage de sa conscience animale se situe la souffrance éprouvée ? Le notaire ne pouvait pas confier le chien aux soins d'un fermier ou d'une fermière des environs, qui veut d'un chien errant ici, qui voudrait d'un chien errant et blessé de surcroît ? Il ne pouvait pourtant pas l'abandonner là, laisser le chien immobile et haletant sur le rectangle d'herbe mouillée, ce serait honteux, pensa le notaire, cet abandon me resterait sur la conscience, je ne pourrais plus penser à rien d'autre qu'au chien par moi renversé et par moi lâchement abandonné. Alors adieu le testament, se dit-il en résumé. Le notaire voit cela, il assiste à la décomposition du notaire déchu en proie à la culpabilité. Le notaire n'avait pas le choix. Il détourna les yeux du chien et s'éloigna de quelques pas sur le bord de la route. À quelques pas du chien et de la BMW, le notaire se débraguetta et pissa dans le fossé. Moment de répit dans la réflexion du notaire. La pisse chaude du notaire déchu fumait dans l'air glacé. Il va bien falloir trouver une solution, pensait le notaire tout en pissant. Si j'abandonne, pense le notaire, le chien sur place, la pensée du chien abandonné sur le bord de la route ne me quittera plus, certain, c'est là que cette pensée prédominera dans ma tête de notaire, la pensée du chien va se mettre à proliférer dans ma tête de notaire, je n'aurai plus une pensée à moi, c'est là que je ne pourrai plus penser à rien d'autre qu'au chien, je ne pourrai plus réfléchir à rien d'autre, plus une pensée neuve ne se formera en moi, je ne serai plus qu'un réservoir à pensées creuses, avec au centre l'idée fixe du chien. J'abandonne le chien et j'abandonne sur-le-champ mon projet testamentaire, voilà l'équation, conclut le notaire. Sa décision prise, le notaire déchu rebraguetté retourna à sa voiture et en ouvrit le coffre. Il sortit du coffre une couverture rouge en laine épaisse, il étendit précautionneusement la couverture sur la banquette arrière de la BMW. Il ne fut pas facile au notaire de soulever le chien sans souiller ses vêtements, il ne lui fut pas davantage aisé de transporter le chien vers la voiture et de le déposer sur le siège arrière. Le chien resta silencieux tout le temps que dura son transfert du rectangle d'herbe mouillée jusqu'à la banquette arrière sur laquelle il fut placé par le notaire. La BMW du notaire repartit, à l'intérieur le notaire la conduisant d'une main assurée, derrière lui le chien blessé étendu sur la couverture rouge. La BMW avait aussitôt retrouvé son allure habituelle qu'une conférence s'amorça dans la tête du notaire déchu, où la voix du notaire donnait dans le chapitre des accidents. Un accident de la route, qu'on s'y arrête un moment, constitue une expérience de pensée décisive, se disait le notaire, pas n'importe quelle expérience de pensée, mais l'expérience la plus sauvage et la plus décisive que l'on puisse soumettre à la pensée, la plus sauvage au sens (précise le notaire) où elle ne se laisse pas apprivoiser, la pensée de l'accident ne rapporte rien, n'aboutit à rien, on ne dompte pas cette pensée. Un accident de la route, comme on dit, n'importe quel accident qu'on nomme accident de la route est la plus épouvantable et la plus stupide expérience que l'on puisse vivre. Rien n'est plus stupide, rien n'est plus destructeur qu'un accident de la route. Rien n'est plus absurde et plus révoltant que mourir dans un accident de la route (ou faire mourir en causant un accident de la route). Quand bien même on ressort indemne, physiquement indemne, de l'accident de la route, on en sort moralement abattu, complètement foutu au point de vue moral. Et pourtant, admet le notaire déchu qui songe avec effroi à l'expérience que constitue en soi un accident de la route, perdu qu'il est dans les pensées accidentelles, et pourtant l'expérience d'un accident de la route, ou même seulement la pensée d'un tel accident (l'accident non vécu, mais seulement pensé, décrit sous le rapport de la pensée, de ce qu'il représente pour la pensée), constitue un apport insoupçonnable pour la pensée. L'accident de la route est un précipice pour la pensée, un précipice et un abîme en lequel la pensée se jette et s'effondre. Il y a dans l'accident de la route une expérience de pensée tout à fait curieuse et inacceptable, une expérience scandaleuse, que personne à la connaissance du notaire n'a jamais pensée (jusqu'au bout). Oui, entrer par la vue en proximité physique d'un accident, assister (comme on dit) à un accident (comme témoin), ou seulement penser l'accident et avoir à se représenter l'accident par le récit qui vous en est fait, c'est-à-dire être témoin indirect de l'accident par le récit de l'accident, cela a de quoi vous marquer à vie, on ne se relève pas d'un accident de la route, n'importe quel accident de la route imaginé au récit qui en est fait jette l'homme sur une pente inconnue de lui et dangereuse pour sa pensée. Rencontrez un accidenté, parlez longuement avec lui, ne lui parlez pas seulement de l'accident, ne l'interrogez pas là-dessus, non, cherchez au contraire à parler avec lui de tout, absolument tout peut être abordé dans la conversation, excepté l'accident (dont il a été victime, dont il a été responsable ou dont il a été témoin), épuisez tous les sujets imaginables et possibles, prenez par tous les chemins possibles et imaginables mais surtout ne vous aventurez pas sur celui de l'accident, pas un mot au sujet de l'accident, pas une phrase touchant à la question de l'accident, silence absolu au sujet de l'accident, menez, conseille le notaire déchu, avec lui la plus banale des conversations (qui en réalité est le plus cruel interrogatoire), parlez de la pluie et du beau temps avec l'accidenté, et ce, de la manière la plus anodine qui soit, le plus innocemment du monde, tout le monde aime parler de la pluie et du beau temps, tout le monde aime le son des phrases du type quel sale temps il fait aujourd'hui, ou alors ça risque de tourner à l'orage, on est à peu près sûr de ne jamais se tromper en parlant de la pluie et du beau temps, tout le monde trouve son compte avec ces sujets-là, celui qui parle comme celui qui écoute, celui qui interroge comme celui qui répond à celui qui interroge, tout le monde au fond n'a d'intérêt réel que pour les questions touchant (de près ou de loin) au temps qu'il fait, beau ou pas beau, tout le monde s'y retrouve, on a parfois l'impression que tout le monde travaille à l'observatoire météorologique, abordez le sujet du temps et des humeurs, vous mettrez votre interlocuteur en confiance, vous lui tendez la perche et au moment où il s'y attend le moins, brusquement, tandis qu'il continue à vous parler tout à fait banalement du temps qu'il fait, tandis qu'il égrène l'éternelle litanie au sujet de la météo et des éléments, vous percevrez (si vous tendez l'oreille) quelque chose de dissonant dans la conversation, vous entendrez la musique de l'accident (et de l'accidenté), vous entendrez le son que produit l'accident (la fanfare tonitruante de l'accident) et vous ne pourrez plus alors échapper à la musique que l'accident produit dans le corps de l'accidenté, au fracas de l'accident qui résonne dans son corps et dans sa tête (surtout dans sa tête, insiste le notaire déchu au visage on ne sait pourquoi si abattu, on entend la musique funèbre de l'accident). Accidenté ou pas, du reste, nous savons tous, en entendant la musique qui accompagne les conversations des accidentés, nous savons, pensa le notaire, que nous sommes aussi des accidentés de la route, comme on dit. Nous avons l'oreille pour les accidents, nous les détectons immanquablement, la musique qui accompagne les conversations des accidentés (que nous interrogeons, que nous écoutons) trouve en nous un écho particulier. L'expression déjà, accident de la route, nous parle, notre tête se tourne à l'entendre vers celui qui la prononce, nous nous entendons à les détecter, ces accidents de la route, comme si nous étions nous-même accidentés, accidentés de la route, dit-on, et au récit qu'un accidenté nous fait de son accident, et même quand il parle de tout autre chose (par exemple si nous écoutons l'accidenté parler de la pluie et du beau temps), nous décelons dans la voix et dans les sons que produit la voix de l'accidenté le fracas de l'accident qui s'est converti dans la bouche de l'accidenté en musique funèbre de l'accident. Musique de l'accident qui sonne étrangement à vos oreilles comme une musique bien connue de vous, entendue et réentendue un très grand nombre de fois par vous, imprimée en vous, la ritournelle de l'accident est l'écho de notre capacité à être horrifié. Cette réflexion se fit brutalement dans la tête du notaire : chaque jour depuis des années qu'il roule sur les routes du département, hanté par l'image de sa ruine future, n'allait-il pas sans le savoir au-devant d'un accident, pas nécessairement un accident de la route, d'ailleurs, mais un accident de la pensée ? Si, délaissant les grands axes, le notaire s'est persuadé un jour qu'il allait droit à la ruine ou au-devant de sa ruine, comme il dit, n'était-ce pas là qu'il se protégeait du pire et de la pensée du pire ? Oui, se dit maintenant le notaire, il faut savoir envisager le pire (pour soi), savoir se représenter sa propre vie au point de vue du pire qui puisse arriver dans sa vie, s'attendre au pire, comme on dit, il faut envisager le pire et vivre dans son tout proche voisinage. On met du temps à réaliser qu'il s'est produit déjà ; oui, le pire, aussi longtemps que nous n'avons pas réalisé qu'il s'est déjà produit, qu'il est non pas devant nous, mais derrière nous (comme le pense le notaire), oui, aussi longtemps que ce pire qui s'est produit avant nous et sans que nous en sachions rien, le pire est en nous et il agit en nous, sans que nous le sachions. Le pire hante notre conscience, il se comporte à la manière du voisin qui est dans notre conscience et hante notre conscience sans que nous le sachions. Le pire est notre voisin, tout d'abord nous ne le remarquons pas, longtemps nous le croisons dans des escaliers et son existence est indifférente, aussi longtemps que nous ne faisons que le croiser dans des escaliers, aussi longtemps que nous ne faisons que l'avoir sous nos yeux, notre voisin, le pire, n'existe pas, car nous ne l'avons pas encore en notre pensée. Le pire, qui est notre voisin, entre dans notre pensée lorsque nous ne l'avons plus sous les yeux (lorsque nous ne le croisons plus dans des escaliers ou dans des couloirs d'immeubles) ; il s'introduit dans notre cerveau par l'oreille, notre voisin se met à exister lorsque nous nous mettons à l'écouter. Nous nous rendons compte alors que le pire est notre voisin et qu'une mince cloison seulement nous sépare de ce voisin, nous l'entendons à côté de nous ou au-dessus de nous et nous guettons ses allées et venues, le voisin qui est le nôtre a fini par entrer dans notre tête et il finit par peupler notre pensée, il prolifère dans notre tête, il la colonise et l'envahit après y être entré par notre oreille. Qu'un banal accident arrive et voilà, conclut le notaire, qu'on réalise qu'il s'est déjà produit, un accident bien pire s'est produit déjà, un accident qui a tout ruiné et un accident auquel nous ne croyons pourtant pas, auquel nous ne voulons toujours pas croire. L'accident n'est-il pas en marche depuis toujours dans la pensée, la pensée rencontre-t-elle en chemin autre chose que tous ces accidents qui se produisent en elle ? La déduction et l'enchaînement des idées sont des illusions rétrospectives, tout dans la pensée est accident, collision, contrecoup, la pensée ne va pas en ligne droite, elle passe par une multiplicité d'accidents qu'elle ne veut pas voir, elle traverse tous ces accidents sans les voir. Il n'y a pas de pensée qui ne porte en elle et sur elle les traces et les stigmates de l'accident, il n'y a pas de pensée sans séquelle. Penser déjà (et toujours) est un accident et toute pensée qui est pensée par la pensée qui est elle-même un accident, est un accident de cette pensée, une pensée accidentelle, cette pensée elle-même est le résultat d'un accident. Chacun doit pouvoir considérer son existence tranquille comme un processus susceptible d'être interrompu brutalement par accident, chacun de même doit considérer sa pensée comme un processus qui un jour ou l'autre sera confronté au pire accident. Affronter le pire, chacun le doit un jour ou l'autre. Tout homme est un accidenté, pas besoin d'avoir connu l'accident, d'être soi-même un accidenté de la route, pour comprendre cela. Chaque jour, pour me le rappeler, il me faudra tourner les pages illustrées du catalogue des accidents de la route, une à une, ces pages glacées et illustrées toutes plus effroyables les unes que les autres, je m'emploierai à les imprimer dans ma mémoire. Il me faudra considérer attentivement, se dit le notaire déchu, la galerie de portraits des accidentés, m'imprégner de leurs visages marqués, je ne manquerai pas de scruter dans les prunelles des accidentés photographiés l'image terrible de l'accident, mon regard assidu je ne le détournerai pas. Il n'est pas douteux que j'éprouverai un profond dégoût à le faire, m'abreuver du spectacle de la douleur des accidentés ; c'est sûr en revanche, malgré la honte et l'horreur éprouvées à me repaître de ces images, j'y gagnerai une méthode de pensée, je m'exercerai à la pensée authentique, j'éprouverai ma propre pensée en séjournant dans les régions accidentées de la pensée. Tandis que s'achève avec cette note de cruauté morbide sous la tête du notaire la conférence notariale, voiture à l'arrêt au croisement de deux départementales, le notaire songe qu'il n'a plus de temps à perdre en spéculations. La route départementale qu'il emprunte, il va devoir désormais en suivre attentivement la signalisation, vérifier sur une carte du département éventuellement s'il est sur la bonne route, s'assurer que le vétérinaire qu'il recherche se trouve effectivement sur son chemin. Pour la première fois depuis des années qu'il conduit sans destination précise, le notaire roule sur les routes départementales avec la connaissance d'un but. La journée était avancée déjà, il ne tarderait pas à faire nuit bientôt, le ciel, ce ciel de plomb chargé de pluie, ne tarderait pas à s'assombrir jusqu'à s'éteindre définitivement. D'ordinaire, le notaire n'a cure de l'heure, il n'a nullement besoin d'interroger la montre qui est inutilement fixée à son poignet ; consulter la luminosité d'une bande de ciel étroite au-dessus de la route ou la panse épaisse et prête à crever du nuage gonflé de pluie lui suffit d'habitude pour se faire une idée assez précise de l'heure. C'est comme cela depuis toujours, le notaire a une connaissance secrète particulière, une science obscure mais néanmoins sûre de l'heure, qui découle directement de sa conduite méthodique sur les routes du département. Le notaire exceptionnellement consulta sa montre dont la position des aiguilles sur le cadran confirma son impression. Le cabinet du vétérinaire, il doit l'atteindre le plus rapidement possible. L'instinct commande au notaire de rejoindre le bourg le plus proche ; là c'est certain se trouvera le cabinet de vétérinaire recherché, des cabinets de vétérinaire on en trouve de nos jours quantité sur sa route, non loin de l'église ou de la mairie dans la plupart des cas, on aperçoit en passant la plaque de cuivre du vétérinaire, avec gravés dessus le nom et la spécialité du vétérinaire ; représentant qu'il est d'une espèce en crue à notre époque, l'espèce des vétérinaires n'est pas loin en effet de surclasser en nombre et en faveurs reçues de la société l'ordre des médecins. À chacun son métier, pensa le notaire. Je suis notaire, dit le notaire déchu, et je ne sais évidemment rien du métier de vétérinaire. La pensée d'un homme est l'imitation de ses gestes, l'axiome notarial, une fois de plus le notaire le ressasse en sa pensée. Durant toute notre vie, nous exécutons les gestes correspondant au métier que nous avons choisi un jour d'exercer. D'abord nous les imitons, les gestes qui sont ceux de notre métier, nous essayons d'abord de correspondre à la manière dont d'autres, eux-mêmes rompus aux gestes du métier, les exécutent professionnellement. Nous imitons pour les apprendre ces gestes vus exécutés par d'autres qui sont experts dans l'art d'exécuter ces gestes sans modèle extérieur. Un geste est l'accomplissement d'une perfection sans modèle, mais pendant des années nous nous exerçons sur le modèle de ceux qui les accomplissent à la perfection, pendant des années qui sont les années d'apprentissage nous devons plagier les gestes de ceux qui les exécutent parfaitement. Et à force d'imiter ces gestes mythiques grâce à la fréquentation de ceux qui les maîtrisent et les exécutent magistralement, nous finissons par les exécuter nous-mêmes professionnellement, nous finissons par attraper la pensée qu'ils hébergent et que nous faisons nôtre sans jamais en avoir conscience. Le notaire se dit qu'il aurait pu adopter les gestes du vétérinaire et avec eux la pensée du vétérinaire (sans jamais devenir conscient ni des gestes ni de la pensée), si seulement il avait choisi de débuter des études de vétérinaire. Ce que l'on fait de sa vie ne tient qu'à un fil. On fait des études de notaire, on ne sait pas pourquoi ; tout aussi bien, on aurait pu faire des études de vétérinaire. Je n'ai jamais su ce que je voulais faire de ma vie, déplora le notaire qui au fond se réjouissait de sa pensée et de l'écho qu'elle produisait en lui. Au fond, personne n'a jamais su ce qu'il voulait faire de sa vie. J'aurais tout aussi bien pu débuter des études de vétérinaire, pensait le notaire, au fond cela n'aurait rien changé, au fond cela serait revenu exactement au même, affirma-t-il en lui-même. Je serais devenu vétérinaire tout comme je suis devenu notaire. La même nécessité qui m'a fait notaire m'aurait fait vétérinaire, une nécessité à laquelle il n'y a rien à comprendre. Au surplus, je serais devenu vétérinaire déchu comme je suis devenu avec les années notaire déchu, je me serais employé, étant vétérinaire, autant que notaire je l'ai fait, à gâcher mes perspectives d'avenir, avec l'art consommé du plus long détour je me serais délecté tout autant, si j'avais été vétérinaire, de ma capacité à être horrifié. Et comme le notaire a contracté l'habitude de s'adresser mentalement la parole sous le nom de notaire déchu (pour souligner à la pensée du notaire sa propre déchéance), si vétérinaire il était devenu, passé expert en l'art de soigner les animaux, c'est fort probablement dans les mêmes termes (et avec une égale dureté) qu'il se serait adressé la parole, soulignant du même trait au vétérinaire l'échec cinglant de sa vie. Autant le notaire en route sur les routes départementales du Maine-et-Loire apprécie l'audition des syllabes qui épellent sa condition de déchu, autant le vétérinaire sur les mêmes routes aurait goûté l'audition des syllabes rappelant sa disgrâce ; tant l'habitude est force qui imprime en nous sa marque et nous dispose à jouir même de ce qui nous blesse. J'aurais interprété, si j'étais devenu vétérinaire, mon rôle avec un sens tout aussi affûté qu'est le mien de la comédie notariale. J'aurais joué à la perfection, à ma manière de vétérinaire, c'est-à-dire exercé aux gestes et à la langue de la profession de vétérinaire, le personnage de vétérinaire déchu. Tout cela, du reste, ne m'avance à rien, rien ne me sert de spéculer sur une vie qui n'est pas la mienne, que je peux imaginer exactement comme si je la vivais, mais qui tout de même n'est pas la vie que je vis. Étrange, se prend à remarquer le notaire, comme n'importe quel objet s'introduit dans la pensée pour s'en emparer, la pensée est le lieu des immixtions intempestives, voilà l'ennui, le moindre objet qui tombe en la pensée casse le fil de la pensée et détourne la pensée de son objet initial, l'objet accidentellement tombé en la pensée prend alors position dans votre tête, il s'y fait une place de choix. Singulier, poursuit le notaire, cet art qu'a l'objet nouveau accidentellement tombé dans la pensée de faire carrière en la pensée, n'importe quel objet futile a le don de se loger en vous pour ouvrir un chantier dans votre pensée, votre tête finit par se diviser, votre tête éclate et réalise qu'elle possède en elle des milliers de têtes (qui sont des milliers de chantiers ouverts), des centaines et des milliers de territoires et de concessions déserts en attente que la pensée y entreprenne quelque chose, ma tête est une multiplicité de territoires et de concessions abandonnés, pensa le notaire, ma tête multiterritoriale ne va pas tarder à exploser sous la pression des centaines et des milliers de chantiers qui sont ouverts inutilement. Le notaire gara la voiture sur la place déserte, en face d'une mairie. Il se mit à pleuvoir. Le notaire regarda le chien pensivement par la vitre et il s'éloigna du véhicule en pressant le pas. Il entra dans une boutique, la première venue, c'était une boucherie-charcuterie, en réalité le notaire n'avait pas eu le choix, il n'y avait sur la place qu'une seule boutique et c'était une boucherie, avec pour enseigne lumineuse une tête de veau qui clignotait. Dans la boucherie non plus il n'y avait personne. Le notaire entra, une sonnerie électrique vibra. La viande, des quartiers de viande rouge et de la charcutaille, s'étalait sous les yeux du notaire. La viande morte exposée derrière la vitrine réfrigérée constituait un tableau pour le moins saisissant pour le notaire qui était en quête d'un vétérinaire, cela il devait le garder pour lui et tâcher de l'oublier. Il y avait de la sciure éparse sur le sol et le notaire regardait la pointe de ses chaussures, pour fuir la vision de toute cette viande étalée, je n'ai guère le choix, je n'ai qu'à fixer le bout de mes chaussures, se disait le notaire, rien d'autre à faire dans ces cas-là que baisser la tête. En attendant que quelqu'un vînt de l'arrière-boutique, dans la boutique vide de la boucherie qui donnait sur la place déserte, le notaire songeait en regardant le bout de ses chaussures au métier de boucher. Que serais-je devenu, si j'avais été moi-même propriétaire d'une boucherie-charcuterie? se demandait le notaire. Jamais je n'aurais pu trancher la viande, découper la viande, la manipuler pour la vendre, songeait le notaire. Il n'y a pas de métier qui m'aurait rendu plus sobre et plus malheureux que celui de boucher, pensait le notaire. Quelqu'un arriva enfin, une femme qui était sans doute la femme du boucher, et cette femme le regarda sans lui adresser la parole, cette femme lança sur lui un regard morne. Il lui dit qu'il ne venait pas acheter de la viande, qu'il n'était pas là pour ça, il voulait simplement trouver le vétérinaire, un vétérinaire corrigea-t-il. Son cabinet se trouve à deux pas de là, indiqua la femme au notaire déchu. Mais il y a peu de chance qu'il y soit, ajouta la femme du boucher, et elle ne dit rien d'autre. Comment ça, pas là, se dit le notaire, et pourquoi, pas là? Le notaire déchu salua la bouchère d'un bref signe de tête et sortit de la boutique. Il ne fallut guère longtemps au notaire pour trouver le cabinet du vétérinaire. Il repéra à cinquante pas la plaque sur une façade lépreuse et à travers les rideaux de la fenêtre il distingua une lumière blême, un éclairage au néon. Le vétérinaire était là, sans doute, peut-être dînait-il, se dit le notaire, je vais le trouver dans sa cuisine occupé à finir son assiette de petits pois et il pourra soigner le chien dans les plus brefs délais, le notaire commençait à se réjouir, une vague de contentement envahissait le notaire, bientôt il pourrait, débarrassé du chien, reprendre sa route, méditer seul et la conscience libre sur le réseau routier départemental les phrases testamentaires du notaire déchu. Ce soir, se dit le notaire, je prolongerai ma route, ce soir, certainement je roulerai de nuit sur les routes départementales. La porte en chêne devant lui, dernier obstacle à franchir, il n'avait plus qu'à frapper dessus, quatre coups secs, francs, résolus. Ce qu'il fit. Une femme, jeune et non dénuée de charme, une sorte de charme disputé à l'angoisse, et le front large strié par de fines rides qui soulignaient l'expression d'un souci permanent, cette femme lui ouvrit la porte. Cette femme n'a pas eu de chance, pensa immédiatement le notaire, on lit sur son front plus que dans ses yeux. Les yeux, lorsqu'ils n'ont plus rien à dire, pensa-t-il, disparaissent et le regard affleure dans le visage non plus là où sont les yeux mais en quelque autre endroit du visage. Parfois un nez vous regarde, c'est lui qui vous parle et vous vous adressez à lui en répondant à la personne. D'autres fois, la vie du regard a fui dans les cheveux, ce n'est plus une femme alors qui vous adresse un sourire, mais une mèche de ses cheveux. Ainsi pour cette femme qui lui avait ouvert avec un sourire un peu contraint mais non dépourvu de grâce, le regard avait déserté les yeux et affleurait comme au bord d'un précipice sur le front large et bombé. La femme se présenta à lui comme étant l'épouse du vétérinaire, je suis la femme du vétérinaire, dit-elle directement, mais le vétérinaire, dit-elle immédiatement (non pas mon mari, mais le vétérinaire), n'est pas là. Le vétérinaire est sur la route, expliqua-t-elle au notaire, depuis quelques jours, le cabinet du vétérinaire est fermé et il ne passe plus un instant à la maison. À quoi elle ajouta que son mari, le vétérinaire, travaillait depuis quinze jours d'arrache-pied, depuis deux semaines le vétérinaire travaille comme un forcené à la solde d'inconnus qui l'appellent le matin au téléphone et lui dictent leurs instructions. On l'appelle le matin, répéta la femme du vétérinaire, et il quitte précipitamment la maison, il passe ses journées sur les routes ; il n'a jamais travaillé avec autant d'acharnement depuis que je le connais, dit la femme du vétérinaire, et sitôt qu'il est rentré, il sourit, dit la femme du vétérinaire, le vétérinaire la nuit venue sourit comme jamais avant elle ne l'a vu sourire, dès qu'il entre dans la cuisine, il se met à sourire (il me regarde et étrangement il me sourit), et plus tard dans la soirée, lorsqu'il est penché sur son assiette, le vétérinaire sourit encore. Je ne le reconnais plus, dit-elle, il part très tôt le matin, il a déjà l'air fébrile, méconnaissable, il est, comme on dit très bien, l'ombre de lui-même, et lorsqu'il rentre le soir, souvent très tard, son repas est froid, je pose l'assiette devant lui, un plat froid et alors il se met à sourire étrangement, énergiquement. Mon mari le vétérinaire est plongé dans un état épouvantable et il m'épouvante, moi-même je ne me sens plus en sécurité auprès du vétérinaire, je me poste dans la cuisine et j'attends dans la cuisine, là derrière, fit-elle avec un geste vague, je ne fais rien qu'attendre. Il accomplit pour leur compte des choses effrayantes, je devine qu'il accomplit sur leurs ordres des choses épouvantables, des choses qu'il n'aurait jamais faites avant (n'aurait jamais accepté de faire auparavant), et maintenant qu'ils l'appellent chaque matin, il ne s'effraie pas du tout de leurs appels téléphoniques, chaque matin, vous entendez, chaque matin à six heures trente le téléphone sonne, c'est eux, et lui se précipite aussitôt vers le téléphone, comme un fou, il est comme un fou, il descend les escaliers quatre à quatre, la sonnerie du téléphone le met en alerte, il manque de se casser le cou dans l'escalier en se précipitant sur les marches et dans le long couloir, il se met presque à courir pour répondre au téléphone qui sonne en bas. Il chuchote, je l'entends alors chuchoter, répondre par phrases brèves à leurs questions. Le notaire manifesta son embarras, puis une fois qu'elle eut fini il exposa à la femme du vétérinaire l'urgence dans laquelle il se trouvait, votre mari, le vétérinaire, il me faut le rencontrer à tout prix, expliqua le notaire, je comprends la condition difficile du vétérinaire et par là même j'aperçois combien pénible doit être votre condition aussi, mais tâchez d'accéder, chère madame, vous me permettez de vous appeler chère madame, à ma requête, je dois rencontrer votre mari le vétérinaire sous les plus brefs délais, comprenez que ma demande est dictée par l'urgence et ne saurait souffrir aucune espèce d'atermoiement pour quelque raison que ce soit. Il s'agit d'une affaire grave, murmura le notaire. Il crut s'entendre crier à cet instant, il ne sait pourquoi. Le notaire résuma la situation, quelques mots pour dire qu'il avait trouvé le chien sur le bord de route et blessé, déjà dans un état d'extrême faiblesse. Il ne dit pas qu'il avait heurté le chien, qu'il ne l'avait pas vu venir et qu'il l'avait heurté, cela mieux valait le taire, ce n'est pas le moment d'éprouver la sensibilité de cette femme, elle est à bout de nerfs, laissons de côté la question de l'accident et tâchons d'exposer l'affaire avec détachement. Le notaire présenta l'accident sous une forme atténuée, pour ainsi dire, le chien, disons qu'il le trouva sur le bas-côté dans un triste état. Il raconta comment et avec quelles difficultés il l'avait hissé à bord de sa voiture. Avec quelles précautions infinies j'ai été obligé de conduire sur les routes départementales du Maine-et-Loire, vous n'imaginez pas, l'animal blessé dans mon dos, sa respiration inquiétante, l'obligation pour moi de rouler lentement, d'éviter les nids-de-poule, etc., connaissant l'état des routes dans le département vous ne manquerez pas d'imaginer la difficulté. La femme devant lui se renfrogna, la requête du notaire visiblement lui déplaisait, et elle lui répéta : vous ne pouvez pas vous imaginer ce que c'est, vous, le vétérinaire depuis quinze jours mène une vie de vétérinaire fou. Le notaire comprenait, il écoutait attentivement la femme du vétérinaire dont le visage était doucement penché vers le sol, à vrai dire elle n'avait rien d'hostile, cette femme au visage incliné, je me figure tout à coup qu'elle est hostile (remarqua le notaire) et je me trompe sans doute sur son compte, cette femme est à bout de nerfs, voilà tout. Et le notaire crut aussi comprendre que le vétérinaire faisait depuis deux semaines au moins la traversée du département, passant de ferme en exploitation agricole, cela aussi il commençait à le comprendre, que le vétérinaire avait été réquisitionné pour donner, d'étable en abattoir, la mort en série aux vaches du Maine-et-Loire. Les entrefilets dans les journaux commentaient, copieusement on pouvait à les lire se repaître jusqu'à en avoir le haut-le-cœur de leurs reportages illustrés en couleur où se dépeignait la fureur et la méthode prophylactiques sensées protéger les populations de la mort à venir. Des reportages diffusés à la télé, aussi, où des commandos héliportés de cameramen filmaient en direct les charniers aperçus en rase campagne, avaient répandu dans le pays une vague d'inquiétude collective. Sabots tendus vers le ciel au bout des pattes raidies et mêlées des vaches mortes offrent aux caméras aériennes des bouquets insolites dont la vue se délecte. Les monceaux de carcasses brunes embrasés au milieu du vert cru des plaines où dévalent les fumées grises épaisses, personne ne se fâche de nos jours de leur spectacle, pourvu que l'écran interposé épargne au spectateur les nuages de puanteur. Le notaire non plus n'avait pas échappé à ces images de tuerie industrielle diffusées en boucle sur les écrans. La femme n'avait pas besoin d'en dire plus, le notaire en savait assez déjà, il pouvait imaginer ceci, maintenant que la femme du vétérinaire s'était tue et s'en était retournée dans une autre pièce chercher un papelard : chaque matin la sonnerie du téléphone à six heures trente, le pyjama à rayures jeté au pied du lit, le vétérinaire s'habille à la hâte et dévale les escaliers, on appelle le vétérinaire, on lui communique son ordre de mission, sur un papier près du téléphone il aligne les noms des propriétaires bovins et des exploitations, chaque matin de nouveaux noms et de nouvelles destinations, des noms de fermes et d'exploitations dispersées dans le département. Le vétérinaire gagne ventre vide sa voiture. Fatigué, cheveux hirsutes, visage allongé ; comme dit la femme, le vétérinaire est l'ombre de lui-même, le vétérinaire dont la mission depuis quinze jours consiste à darder des seringues à injection mortelle sur les échantillons infectés ou présumés tels du cheptel bovin. Il passe d'étable en étable, accueilli et salué froidement dans les cours de ferme par les blouses blanches du contrôle sanitaire. Les poignées de main s'échangent, et aussitôt les présentations faites le vétérinaire se met à l'œuvre. Il traverse le département en voiture (comme le notaire), il emprunte les routes départementales du Maine-et-Loire (exactement comme le notaire) en songeant à son infect labeur, et s'il vient à s'arrêter dans une ferme, où un troupeau entier attend dans une étable la mort qu'il a le devoir de donner, c'est parce qu'on lui en a communiqué l'ordre. On ne doit pas procéder à ce genre de travail sans méthode, la mort appliquée en grand nombre exige la rigueur et la dextérité d'une méthode appropriée. La tâche du vétérinaire est organisée, elle obéit à une déontologie et à des règles strictes que le vétérinaire, par l'autorité que lui confère son savoir de donner la mort, est le seul à connaître. Sur son carnet se trouve la liste des fermes qu'il doit visiter dans la journée pour y accomplir sa tâche, chaque nom de ferme assorti d'un numéro qui précise l'ordre de visite du vétérinaire qu'une voix d'homme au téléphone lui a dicté le matin même. Les journées du vétérinaire depuis quinze jours, commence à comprendre le notaire, sont bien remplies. La tâche du vétérinaire, qui consiste à injecter le poison d'une main qui ne doute pas pour faire disparaître les risques d'empoisonnement, est urgente et bannit les états d'âme. Le vétérinaire réquisitionné, sa mission est simple, empoisonne pour endiguer l'épidémie. Si le poison coule par ses mains à doses mortelles, c'est que la perspective d'empoisonnement collectif heurte la sensibilité populaire chancelante. Mourir, on le veut bien, même par foules, mais d'une mort qui ne fait pas scandale. Le risque zéro, des experts veillent à ce que l'humanité s'en approche, le risque zéro est l'horizon désiré pour nous autres, de nos jours, songe amèrement le notaire ; qu'on assure ou qu'on promette aux hommes n'importe quelle vie, qu'on leur impose n'importe quelle vie, pourvu que cette vie avoisine le risque zéro, voilà ce que les hommes se sont mis à désirer pour eux-mêmes. Nous voulons approcher le risque zéro, et nous ne savons même pas encore ce que vivre veut dire, nous tournons définitivement le dos à la vie, sitôt que nous voulons approcher le risque zéro. Les hommes s'inventent tous les motifs pour ne pas vivre et pour ne pas penser à leur vie. Ils s'inventent toutes sortes de maladies qui les détournent de vivre et de penser à vivre. Les hommes s'inventent toutes sortes de poisons, l'histoire des hommes débute avec l'invention du poison de la pensée, l'histoire de l'humanité n'est qu'un lent processus d'empoisonnement de l'humanité par la pensée. Les hommes s'intoxiquent, de tout temps et partout les hommes travaillent à s'intoxiquer par la pensée, systématiquement et avec le plus grand acharnement la pensée des hommes empoisonne la vie humaine. Comprendre l'histoire en suivant la règle d'interprétation qu'est celle d'un empoisonnement des hommes accompli par les hommes à leur insu, voilà ce qui devrait être fait sans plus attendre. Le poison, inventé d'abord, injecté ensuite, est le fil conducteur qui doit pouvoir servir de règle de compréhension de l'histoire de l'humanité prise dans l'ensemble et depuis ses commencements. La femme du vétérinaire s'en revint après un moment, une feuille à la main. À l'heure qu'il est, m'est avis qu'il est là, dit-elle au notaire, l'invitant à se pencher vers la feuille qu'elle tenait près d'elle, comme pour la protéger de la vue du notaire. Le notaire s'approcha donc et il suivit l'indication de l'index de l'épouse du vétérinaire qui était tendu sur un point précis de la feuille. Le notaire déchiffra le nom d'une ferme au-dessus de l'ongle, et derrière le nom de la ferme celui de la commune voisine. En quelque département de sa pensée, le notaire planta un drapeau minuscule à l'endroit précis où devait se trouver la ferme. La femme du vétérinaire, qui maintenait la pression de son index sur la feuille que le vétérinaire avait sans doute oubliée, accompagna le notaire jusqu'à la porte en lui décrivant le plus court chemin pour parvenir à la ferme. Vous le trouverez là juste avant la nuit, si vous vous hâtez vous avez toutes les chances de le trouver avant la nuit, elle avait dit cela comme si la nuit n'était pas un moment mais un point dans l'espace, comme si au bout du chemin le notaire n'allait pas rencontrer un vétérinaire mais la nuit où l'attendait son mari le vétérinaire.

Dans ma boîte crânienne se confondent et se répondent dans un même écho le mugissement de l'espèce disparue et les râles sourds et prolongés de la bête qu'on abat en série. D'appartenir à deux époques si distantes ne sépare guère la vache et l'aurochs qui se rejoignent dans la passivité qu'est mourir. La certitude de ma propre mort, je l'avais ressassée ces derniers jours, en marchant dans les rues jusqu'à l'épuisement. J'habite à la périphérie depuis quelque temps, non loin, dit-on, des anciens abattoirs. Il y avait deux ans que j'occupais l'ancienne chambre de Hesse dans le centre ville, deux ans que je ne quittais plus ses murs crépis de blanc ; on m'a demandé récemment d'en déloger, deux ans jour pour jour après le départ de Hesse dans le département de la Creuse. Je fus averti de mon expulsion (sous les quinze jours, c'était souligné au stylo) par un courrier recommandé qui affirmait péremptoirement (et sur un ton comminatoire) être l'ultime d'une série dont je n'avais jamais eu du reste connaissance. Je n'avais plus eu aucune nouvelle de lui (Hesse) après son départ – aussi inexpliqué que brutal – dans le département de la Creuse et l'avis sous forme de sommation qui m'informait de mon expulsion imminente ne citait son nom nulle part. C'était une mansarde modeste, mais il ne faut pas s'imaginer un misérable logis. J'y passais des jours entiers, il m'est arrivé d'y passer même des semaines entières enfermé, sans jamais ressentir le sentiment d'oppression ou la sensation d'étouffement qu'on dit éprouver dans certaines pièces exiguës, étroites ou mal ventilées. Je possède, c'est sûr, le goût de l'enfermement et de la séparation, par une espèce de disposition héritée de l'ennui. On prétend que les lieux clos suscitent la dépression, que l'idée de suicide germe sournoisement dans les cellules. Je penserais volontiers le contraire, habitué que je suis à la solitude. Hesse avait laissé sur place un mobilier dépourvu d'élégance et une bibliothèque dont il me pressa de faire l'usage que je voulais.

Tout est à ton entière disposition, tu fais absolument ce que tu veux de ce que je te laisse, me dit-il avec insistance, dans le petit café où il m'avait donné rendez-vous un quart d'heure plus tôt. Il est peu probable que je revienne un jour ici, conclut-il. Je n'osai le questionner. Il était ce matin-là très volubile, exalté et angoissé à la fois de son départ – dans le département de la Creuse ne cessait-il de préciser, de répéter ; et j'entendais dans cette expression récurrente qui ponctuait la conversation et achevait chacune de ses phrases non pas seulement l'inquiétude du départ (de ceux qui hésitent encore à partir, ne sachant si le voyage en vaut la peine), mais le présage d'une catastrophe. Dans le département de la Creuse : comme s'il guettait à la terminaison de ses phrases un signe de mauvais augure. Comme s'il cherchait à me ramener à quelque évidence première, comme s'il visait par un effort connu de lui seul à me dire quelque chose de neuf. J'eus donc pendant ces deux années, où je ne reçus pas une lettre de Hesse, le loisir de faire dans la mansarde de Hesse tout ce qui me parut bon, c'est-à-dire, au final, presque rien. Hesse mon ami le savait bien, qui me proposa de loger chez lui aussi longtemps que durerait son séjour en Creuse, l'idée ne m'a jamais effrayé de devoir passer ma vie dans une chambre comme celle-ci. Il suffirait qu'on me tende au moins deux fois par jour quelque chose à manger et du café en quantité, me disais-je, et je me voyais seul dans une chambre, n'importe quelle chambre, je n'en sortirais jamais ou presque. On pourrait m'y conduire en ambulance ou par quelque autre moyen, ça n'est pas le problème. Assez tôt, suffisamment tôt pour que l'habitude se forgeât en croyance, je me suis familiarisé avec l'idée de mon propre enfermement, au point de désirer âprement la perspective d'un lit de métal désinfecté pour y finir mes jours ; j'ai souvent imaginé que j'étais interné dans quelque chambre d'hôpital et j'échappais alors au sentiment de claustration et à la terreur de la solitude en entraînant ma perception à détailler chaque objet qui se trouvait dans mon environnement immédiat. Ainsi, toutes les fois où je me suis trouvé pour une raison ou pour une autre tenu à l'écart, je me suis exercé à fixer les objets, n'importe quel objet faisait l'affaire, une chaise, une serviette sur la chaise, l'espace du lit à la chaise, une encoignure et soudainement la pièce m'apparaissait immense et lumineuse, tout un univers à explorer. Comme si l'exercice valait à proportion de sa difficulté, je réitérais le jeu en plissant les yeux ou en fermant alternativement les paupières. La faculté d'attention est magique et bonne à toutes fins, elle donne à la réalité un relief saisissant, elle isole chaque chose comme pour la livrer à sa propre passion. Debout au milieu de la chambre, des taches de lumière sur mes mains, je concentre toute mon énergie à détailler un objet quelconque. Une fois amarrée à l'objet, la conscience ne cesse de lui trouver de nouvelles qualités, la réalité de l'objet se met à proliférer, l'objet finit par se dissoudre comme si la négation l'habitait de toute éternité. J'ai dû, je l'ai déjà dit, quitter la mansarde de Hesse. Une nouvelle vie a commencé pour moi, hors de la mansarde. Il m'a fallu descendre des escaliers, traverser les rues, parcourir la ville en tous sens, me soûler de ces déambulations qui vident la tête. Une nouvelle vie attend, en bas. On se le dit. Eh bien, il faut se résoudre à sortir, pour aller n'importe où, tout simplement parce que l'on ne tient plus en place. On ne sait pas quel signal a donné l'alerte, fourmillements dans les jambes, les nerfs à vif et ce petit bruit qui s'est logé dans la tête, depuis combien de temps déjà, un petit bruit insistant que l'on finit par trouver insupportable, de l'espèce de ces bruits qu'on n'est jamais sûr d'identifier vraiment. Les rues mouvementées, plus bas, sont pleines d'une rumeur franche. La circulation est fluide, l'air est vif et piquant. Les semelles adhèrent à la rue, juste ce qu'il faut pour vous donner la sensation de partir. Là-haut, dans la chambre captive, on se prenait tout à l'heure à redouter l'ennui, on ne craignait plus qu'une chose, cet ennui tiède et si peu reluisant. La perspective d'une minute supplémentaire de solitude paraissait intolérable ; absurde, honteuse perspective même, quand on y pense maintenant. S'ennuyer à mourir, c'est le cas de le dire, il y a comme ça des expressions qui tombent à pic, mourir d'ennui, l'obsession colle le vertige. Les rues, en bas, frémissantes n'attendaient que vous. Nous y sommes. Maintenant, oui maintenant, et quitte à le regretter plus tard, on se sent loin des choses, mais la douceur de l'éloignement est excitante. Nous nous croyons délivrés enfin, on ne sait pas encore de quoi. Dans la confortable mansarde que me prêtait Hesse, je ne pensais pas alors à fuir, je ne songeais pas qu'il y eût en moi quelque chose à protéger, je ne songeais pas à me conserver. Seul indice de mon action, j'opposais au spectre de l'ennui l'énergie passive du désœuvrement. Souvent je redoutai un mot m'annonçant la mort de Hesse. Quoi de plus improbable, pourtant, que la sécheresse du télégramme? Qu'il m'apporte la nouvelle même d'une catastrophe, ce télégramme ne m'apprendrait rien que je ne sache déjà. Comme je l'ai dit, il y avait dans la mansarde une bibliothèque à ma disposition. Le meuble, pourtant imposant, ne suffisait pas à contenir tous les livres qui débordaient de toutes parts. À vrai dire, je pouvais à peine me déplacer à l'intérieur, tant il y avait de livres accumulés partout, empilés en désordre ou débordant de cartons bruns. Mon corps a rapidement contracté l'habitude des mouvements empêchés et des gestes contenus. Progressivement j'ai perdu le sommeil. Ces livres éparpillés aux quatre coins de la mansarde, j'ai tenté d'abord de les ranger soigneusement, adoptant pour me soustraire à leur envahissement une manière de classement géométrique par taille et volume. Cette première initiative fut de peu d'effet, il s'ensuivit un désordre plus grand, j'en conçus du dépit et j'abandonnai aussitôt l'idée de mettre de l'ordre dans la bibliothèque, mais je gardai par la suite la manie de changer les livres de place régulièrement; je les empilais un peu partout (abandonné le souci de classement), au pied du lit, sur une étagère près de la fenêtre qui ployait sous les kilos de papier imprimé. Je me procurais, les rares fois où je sortais, d'autres livres encore chez un bouquiniste ; je ne les choisissais pas vraiment, en tout cas pas comme on le fait d'ordinaire en se référant au titre et à l'auteur. Dans un livre que j'achetais, je tâchais de sentir et de soupeser toutes les marges d'espaces blancs dont il m'était la promesse et d'avance je chérissais du livre acheté les possibilités de crayonnage qu'il représentait. Mes choix étaient arbitraires et mes critères l'étaient aussi. Plus le titre et le nom de l'auteur imprimés sur la couverture du livre m'évoquaient le renoncement et les désertions, plus j'étais tenté de me le procurer rapidement, sans prendre la peine d'en lire une seule page. Et du reste, j'étais bien incapable de les lire jusqu'au bout, ces livres achetés ou empruntés à Hesse, très vite au cours de ma lecture je me lassais, mes paupières se fermaient. Je ne pouvais alors m'empêcher, pour lutter contre le sommeil, de griffonner sur le livre ouvert, de tracer un réseau alambiqué de signes et de figures ésotériques, un lacis d'arabesques, un entrelacs de lignes ininterrompues et frémissantes autour des mots ou dans les marges disponibles, inhabitées. Je lisais une dizaine de pages et aussitôt mon attention était détournée du sens des mots au profit des mots eux-mêmes, je ne voyais plus que les lettres qui composent les mots et je me mettais à crayonner, d'abord sans y penser, le crayon je l'avais toujours à la main, ensuite (une fois que j'avais pris conscience de mon activité) je ne pouvais contrarier le geste qui ne cessait plus, il me fallait crayonner, griffer, ouvrir entre les mots des veines, des irrigations de lignes, saisir des formes qui n'appelaient pas d'objet, des formes errantes et sans passé, où rien n'était visible mais en quoi je m'exerçais à mieux voir, fouiller la réalité du monde. Mon crayon explorait les espaces vierges de prose, ces zones arides, places désertées où les phrases l'ont cédé au silence. L'employé qui est venu m'informer de mon expulsion a lancé un regard soupçonneux dans la mansarde, il s'est attardé quelque temps sur le lit couvert de livres, il m'a mis le papier dans la main, un air de muette surprise au pli de la bouche. J'ai signé l'avis de passage et il est reparti sans lâcher une parole. Ici, dans mon nouveau logement périphérique, j'ai perdu l'envie de collecter ces livres sur lesquels dessiner, tracer, sillonner entre les lignes imprimées ; je me suis défait des gestes de la mansarde. J'ai laissé les affaires de Hesse sur place, ne sachant s'il viendrait ou si on viendrait les récupérer pour lui. De mon séjour là-bas, j'ai conservé intact le souvenir d'une durée sans pesanteur et sans événement, ainsi que l'exemplaire boursouflé des *Méditations métaphysiques* dont je connais des passages entiers par cœur. Je l'avais exhumé d'un carton. Une édition de poche, bilingue, cornée à la page 89. « Commençons par la considération des choses les plus communes et que nous croyons comprendre le plus distinctement, à savoir les corps que nous touchons et que nous voyons », cela débute comme ça. Ce passage, Hesse l'a annoté du début jusqu'à la fin, de minuscules commentaires en pattes de mouche presque illisibles, des renvois, des mots soulignés, des biffures, des traits rageurs, une signalétique obscure. Qu'avait-il trouvé de si passionnant à ce texte? Considérez un corps en particulier, tel ce morceau de cire qui vient d'être tiré de la ruche, dit en résumé Descartes; si vous l'approchez du feu, sa saveur, son odeur, sa couleur s'altèrent, pourtant vous le savez bien, que la même cire demeure. La démonstration de Descartes – du moins d'après ce que j'ai pu comprendre – consiste à affirmer qu'aucune des formes particulières que peut prendre la cire n'est essentielle à la substance même de la cire, qui se réduit à son étendue, c'est-à-dire à la quantité d'espace qu'elle occupe. Ces quelques pages qui avaient été lues et relues par Hesse, je les ai lues et relues moi-même. La *Méditation* suivante commence ainsi : « Je fermerai maintenant les yeux, je boucherai mes oreilles, je détournerai tous mes sens », etc. Y avait-il, me suis-je souvent demandé, dans les qualités sensibles du morceau de cire à qui Descartes fit subir l'épreuve du feu, au-delà de la simple étendue, une odeur, une couleur, une saveur qui résistaient sauvagement à son analyse et avaient fini par tout contaminer ? Ses oreilles, les bouchait-il avec ce même morceau de cire qui avait servi à sa démonstration ? Je trouve l'hypothèse séduisante. Depuis mon arrivée ici, un perpétuel malaise mine ma vision du monde. Les choses, au moment où je les perçois, ne sont plus perçues par moi comme des fragments d'espace : leurs contours s'effritent, leurs couleurs s'estompent ou se modifient, ces choses empiètent sur leurs propres limites et envahissent l'espace, comme pour le coloniser. C'est alors que je me sens dépossédé de moi-même, sourdement requis pour assister, témoin anonyme et sans défense, à ce spectacle. À l'intérieur de la pièce, parmi le petit nombre de choses que je peux percevoir, j'éprouve d'abord qu'elles étaient là avant moi, peuplant silencieusement les ténèbres et si je fixe mon regard sur elles, il m'arrive de croire qu'elles n'attendaient plus que moi, pour s'offrir à ma vision. Le globe de l'ampoule au bout de son fil, par exemple, au-dessus de mon lit, c'est déjà une énigme, je ne peux me dire qu'il se contente d'occuper ce morceau d'espace au-dessus de mon lit, mais il l'occupe sans doute comme jamais personne ne peut occuper une chambre. D'une pesanteur secrète est le globe suspendu à l'extrémité du fil électrique dans sa gaine de plastique, aveugle et borné, en soi. Seules les femmes que j'aperçois dans la rue et qui me paraissent si minuscules, indécises dans la lumière matinale, possèdent cette présence énigmatique, en deçà du monde humain : souvent m'arrête leur démarche arrondie, improbable et comme calculée, un déhanchement ou une allure qui trahissent à mes yeux leur affinité secrète avec les catastrophes. Je ne sais d'où me vient cette impression, mais curieusement ces femmes qui passent sous ma fenêtre, je n'arrive pas à croire qu'elles se trouvent là tout à fait par hasard. La vanité tenace de leurs mouvements, l'indécision étudiée de leurs gestes ; derrière le vitrage épais de la fenêtre, je me réjouis du spectacle des passantes. Abattoirs. Il n'en reste rien, sinon dans mes rêves nocturnes le grésillement électrique qu'on entend sous les lignes à haute tension, celui aussi plus étouffé des pistolets d'abattage, et dans la zone des terrains vagues, lagune urbaine qui borde le quartier des tours HLM aux noms grotesques, ironiques de fleurs (les primevères, les acacias, les glycines, etc., ils en forment un beau bouquet de tours de dix étages, aux façades de béton percées de centaines de fenêtres carrées identiques, les paraboles accrochées aux balcons), derrière la voie ferrée, les fondations qui affleurent parmi la mauvaise herbe : d'immenses plaques de bitume crevassées et jonchées de morceaux de verres, rails oxydés, tessons et culs de bouteilles, boulons rouillés et barres de fer tordues parmi les racines. Dans ce paysage défriché, zone hybride où fer et végétal font la noce, je traîne mes pas, ma propre carcasse. Ma main droite, je l'avais posée sur ma cuisse, sous la table, et la sentais inerte, privée de vie. J'avais l'impression de dissimuler dans un réflexe de pudeur inutile un moignon à la vue des hommes. Encore fragmentaire, la figure préhistorique commençait cependant à poindre, à prendre forme sur le papier de la nappe ; on voyait comme un tas d'os dans un champ (à l'intérieur d'une clôture encore à peine définie, tout juste indiquée, esquissée par quelques traits fugaces, furtifs, légers, qui délimitait comme un cadre arbitraire que je m'étais imposé ne sachant encore pourquoi ce paysage de décomposition), non pas dispersés, mais assemblés, soudés, solidaires, à l'image de ces squelettes de mammifères exposés dans les vitrines des muséums d'histoire naturelle qui suscitèrent mes premiers effrois tandis que vissé à la main de mon grand-père j'arpentais – guidé par le fantôme qu'il était déjà, atteint des premiers symptômes d'Alzheimer – le parquet brillant du muséum d'histoire naturelle de la ville de N., comme si la décomposition de l'animal n'était pas parvenue à modifier sa forme idéale, n'était intervenue au contraire que pour son immortalité, comme si l'animal avait accédé ainsi, au prix d'une longue patience et d'une collaboration secrète avec les éléments corrupteurs (insectes, germes, humus, pluies diluviennes, vent), au statut d'essence éternelle, ayant chance de s'inscrire pour la postérité. À partir d'un os le squelette entier peut être reconstitué, avait dit mon grand-père, il m'avait cité la phrase du célèbre naturaliste (qui résumait – je le découvris plus tard – la méthode de l'approche fonctionnelle de l'anatomie comparée) ; à la place de l'explication attendue, je ne cueillis de sa bouche qu'un voyons voyons, accompagné d'un haussement de sourcils broussailleux qui me laissa définitivement sur la touche. Plus tard, je me lançai sur les traces de l'énigme, en quête du nom de ce savant fameux qui avait formulé le principe de corrélation des organes. Sans savoir encore à l'époque que l'explication, n'importe quelle explication – surtout celle que m'aurait fourni l'auteur même (parce que je ne pourrais au cas où elle me décevrait en espérer une autre) – me laisserait sur ma faim, j'avais cependant le pressentiment d'aller au-devant d'une déception funeste ; je n'étais pas même sûr de ne pas la désirer secrètement, car j'avais l'impression qu'elle me protégerait, cette déception, de toutes celles à venir, au cœur desquelles je sentirais toujours néanmoins une force impersonnelle, anonyme, fastidieuse et morne comme si d'être déçu (pour quelque raison que ce fût) décourageait ou fatiguait d'être soi. Derrière les vitrines, fixés dans une pose d'éternité factice (je ne pouvais m'empêcher dans des ateliers exigus situés au sous-sol d'imaginer le travail de reconstitution exécuté par des artisans particulièrement ingénieux), les squelettes des mammifères ne m'évoquaient plus désormais qu'un attirail de pacotille, caution misérable et mortifère à la prétention de scientificité qui me détournerait de jamais fréquenter aucun autre musée de ce genre. Je resterais, à l'avenir, réfractaire à toute reconstitution. Et même en ce moment précis où ma main tentait de donner vie à l'animal qui n'était plus que squelette, réduit (dans l'idée que je m'en faisais) à l'état de fossile, je me savais à l'abri de mettre en scène quelconque souvenir déguisé ; car derrière les traits crayonnés où se profilait la carcasse à qui pouvait la voir, j'aurais trouvé comique qu'on soupçonne que je voulusse évoquer ou commémorer au moyen d'une mine quelque épisode enfoui dans ma mémoire ; car si je pouvais prétendre par les gestes brouillons du dessinateur improvisé que j'étais donner vie à quoi que ce soit, j'aurais refusé jusqu'au bout que ce mouvement vivant pût être la réplique ou l'écho de quelque événement perdu et fossilisé. Plus tard, bien plus tard, je tombai sur la phrase prononcée par le célèbre naturaliste (elle était encadrée, sous le portrait de Cuvier, dans une revue scientifique qui m'était arrivée par hasard dans les mains) et avec elle je retrouvai l'odeur de cire piquante du muséum d'histoire naturelle. Le fait épaissit plus que jamais l'incertitude et rendit plus dense encore la qualité du silence dans lequel j'étais accoutumé à vivre depuis si longtemps, car le hasard qui me mit la revue dans les mains fit aussi que j'appris le soir même, par le téléphone, la mort de mon grand-père. Le dessin prenait. C'était un animal, mi-vache, mi-aurochs – des vertèbres, une colonne vertébrale, des côtes, les humbles vestiges d'une carcasse d'herbivore décharnée –, lequel surgissait sous la pluie de mes traits fins au crayon et que je traquais, cahin-caha, à coups de mine frénétiques, comme on s'acharne dans les matins calmes et lorsque le nuage a crevé à retenir les lambeaux de la nuit (la défroque d'un mauvais rêve) pour aussitôt les chasser de sa mémoire. Dire si la carcasse m'évoquait, à moi qui tentais de la faire apparaître sur la nappe par une conjuration de traits désordonnés (ou pouvait évoquer à quiconque l'eût discernée, à supposer qu'il eût l'idée de s'attarder sur la figure, la patience de suivre le tremblement des contours, interroger les formes incertaines, déjouer la fausse piste des ratures et des repentirs, et en admettant qu'il pût dégager ou déduire de la somme des détails aperçus, collectés et péniblement interprétés l'idée d'une totalité signifiante, organisée autour d'un motif, dans laquelle on pût pressentir, deviner et enfin cerner comme par magie soudaine (éblouissement brutal) autre chose que le graffiti énigmatique ou la désolante caricature de dessin d'enfant qui se présentaient d'abord à la vue), la présence immuable du paisible herbivore que l'on destine à l'abattoir et aux chambres froides, ou invoquait indirectement la silhouette impénétrable de l'aurochs, couronnée de son antique aura religieuse, je n'aurais su, car m'importait seulement à cet instant précis la restitution graphique du squelette (oui, je mettais tous mes efforts dans la tentative de restitution du squelette), qui était dans sa simplification à la portée de mon talent ; et à vrai dire, l'image de cette carcasse, dont on distinguait tout de même assez nettement la colonne, les vertèbres, la charpente des côtes et l'ossature de la tête, était fidèle à l'idée que je me faisais de la pauvreté, c'était même pour moi le schème du suprême dénuement. Je savais qu'en tout cas le dessin sur la nappe en papier, pour être fidèlement perçu, c'est-à-dire apprécié dans son climat de fin de monde, exigeait certaine correction du regard, qui ne pouvait venir de l'accoutumance à son spectacle mais bien plus d'un effet brusque de conversion ; il n'attendait pas qu'un regard savant le déchiffre pour s'emparer de sa signification, mais appelait secrètement qu'une vision tâtonnante, âpre, sans repères, rendue aléatoire par l'effet des hachures, des gribouillis et des salissures, vienne à lui, guidée, habitée par la même indécision ; un peu comme si j'en attendais un miracle, ne sachant encore s'il émanerait de la chose dessinée, abrupte, étalée sans pudeur ni retenue sur la nappe blanche, ou du cortège volatil de réminiscences qui étaient contenues en germe en lui, je savais qu'un moment décisif de ma vie se jouerait lorsque son achèvement produirait l'éclat attendu par moi. J'avais extrait le crayon d'une de mes poches, un de ces petits crayons précieux au bout rongé et parvenu plus qu'à mi-chemin de son existence (guère plus grand qu'une phalange, qu'on emprisonne dans la paume comme un talisman), et le tenant dans ma main gauche j'appelais dans un mouvement contrarié la naissance de l'animal-os, c'est-à-dire le commencement de sa vie indépendante sur la nappe en papier. La cafétéria bruissait en une rumeur sourde et confuse autour. J'entendais une plainte qui n'en finissait pas. Moitié vache, moitié aurochs. Je me sentais aussi peu à peu délesté d'un poids. Abandonnant provisoirement (je savais que je reviendrais à elle) la carcasse du bovin à son sort, comme si l'ouvrage exigeait de sécher au soleil de l'été, je me mis à raturer la nappe en papier maculée çà et là de café, quittant le squelette de l'animal et perdant toute retenue, tout sang-froid, comme m'égarant dans une géographie du désastre, comme emporté malgré moi en terra incognita sur une route d'exode, ce n'étaient plus que brefs coups de mine friable, dentelures, denticules, vol d'abeille, essaim de pics et traits fins, infimes, pointés ou griffés plus que tracés sur la nappe blanche, usure gratuite et vaine dépense de plomb. Ses mains étaient posées sur la table, immobiles, vers lesquelles je lançais quelques regards, par en dessous. Leur immobilité me suggérait que Lorraine empruntait ces routes sur lesquelles je voulais l'entraîner. Une porte de verre dépoli se referma derrière moi. Voilà le résultat, m'exclamai-je sans croire à mes propres paroles, car j'étais pourtant loin, très loin, d'avoir atteint le résultat escompté, je ne pouvais que me rendre à l'évidence qu'il faudrait reprendre la tâche et me retournant sur la porte – une de ces portes qui ne doivent pas causer de coupures graves si on se fracasse sur elles – une dernière fois avant d'affronter le regard engageant du jeune interne, ce regard bleu et profond qui semblait en suspens au-dessus de ses fines mains soignées d'organiste, je me mis à triturer mes propres mains comme pour en tirer un son de verre en éclats. Le résultat, en effet : digne de l'examen de passage sous l'approbation d'une commission de spécialistes délégués en psychiatrie ; et mentalement, douloureusement j'adressais à ce médecin à peine plus âgé que moi, plus jeune peut-être (je devais avoir l'air si vieux et si ratatiné, recroquevillé sur ma feuille comme une larve en gestation, face au jeune interne aux allures pontificales, vêtu d'une blouse blanche et m'engageant d'un geste lent et morne, presque cordial, à parler ; il y avait un pape en lui, aux manières méticuleuses et graves, assis sur la cathèdre, qui m'invitait par ce geste distant non pas à me convertir mais à me plier, à me soumettre à quelque ordre inconnu venu d'en haut), ce misérable plaidoyer, l'exhortant, lui et l'assemblée des confrères éminents qu'il ne tarderait pas à convoquer à mon chevet, à fouiller du regard dans le paysage de fantaisie que je leur présentais. Je leur offrais un extrait de pur dérèglement, un fac-similé d'angoisse, je leur tendais par provocation un raccourci de ruine, sachant dérisoire et vaine la tentation d'en déchiffrer le sens. J'étais effondré à ce point que je ne voyais d'autre issue à l'effondrement que sa dramatisation, j'avais besoin de provoquer la curiosité maladive du témoin officiel, il m'était facile sur ce terrain de les bluffer certes, il me suffisait de tendre un filet aux mailles point trop grossières. Feindre la névrose ou la manie obsessionnelle, interpréter un cas d'école si on veut, je pouvais le faire à la rigueur et je savais aussi que si je parvenais à jouer mon rôle sans bavure, notre entente serait totale. Notons au passage que le personnel médical de sexe masculin incline au genre maniéré, cyclothymique, inabordable. Outre qu'il œuvre consciencieusement et laborieusement à la guérison du malade, opérant avec une constance surprenante comme si le salut du médecin dépendait du sort de ses patients, il ne supporte pas dans son ministère les symptômes d'une santé décadente ; comprenez que la manifestation trop patente du déclin ou d'un rétablissement improbable équivalent dans la conscience du spécialiste à une marque d'hostilité, voilà qu'il n'en fait qu'à sa tête, se dit à peu près l'homme piqué par l'attitude peu coopérante du malade ; c'est pourquoi il faut devant lui prendre soin de manifester la meilleure volonté du monde, mettre le cran d'arrêt à l'effusion morbide et démontrer par le truchement d'un discours approprié et de manières onctueuses le souci d'une coopération sage et docile. Veuillez chers médecins psychiatres, lançais-je donc à la cantonade, la main en lévitation, dans votre infinie mansuétude m'accorder ne serait-ce qu'un regard, consentir à perdre une de vos précieuses minutes, et votre regard profond – cet œil bleu et cerclé de fer –, acceptez je vous en prie de le diriger sur cette nappe, daignez vous attarder sur mon cas, constatez : je m'interromps en plein milieu et toutes affaires cessantes, le crayon à bonne distance du papier, je me soumets au verdict, à votre jugement ; nécessairement j'insiste, il me faut réveiller votre curiosité, oui, concentrez-vous s'il vous plaît sur l'extrait proposé, j'ai à votre attention ouvert une fenêtre, le cadre est respecté mais les courants d'air circulent et renversent tout, les trahisons prolifèrent ; pour satisfaire au protocole des présentations, je vous affirme volontiers que vous êtes mon dernier recours, ma planche de salut, car pour introduire au problème rien ne vaut une version officielle qui au moins a le mérite d'être claire, et je poursuis sur un ton confidentiel et laisse entendre que mon existence est suspendue à votre diagnostic, la phrase est lâchée, délectez-vous, rengorgez-vous, vous êtes seuls (remarquez ma détresse en ce moment) en mesure de me dire si cette misérable existence qui est mienne est digne d'être vécue ; c'est d'accord, hardie, orgueilleuse et despotique en est la ligne qu'elle trace, à vos yeux peut-être lamentable, insignifiante, risible, mais quoi que vous disiez au fond (et bien que naturellement j'obtempère à votre diagnostic), vous ne parviendrez ni à me rassurer ni à m'enfoncer. Loin de vous, je me sens désormais loin de vous, et si ce triste rebut (le déchet d'une âme déchue, comme on dit) n'exprime à vos yeux aux paupières rougies lassés de scruter dans nos abîmes détraqués qu'un échantillon médiocre de ces dessins de fous, larrons ramassés dans la rue morts de froid, enfants battus, schizoïdes et autistes, cohorte moribonde et désarticulée, je sourirai, oui le sourire me viendra aux lèvres, la satisfaction se lira sur mon visage crispé, j'écouterai avec un air de profond recueillement, la nuance d'étonnement soumis dans les yeux, j'écouterai la sentence : débité par vos voix atones avec force redondances et tournures apostoliques, le décret ordonnant ma mise sous les verrous me procurera je n'en doute plus certaine joie méchante. Cependant je le dis cette méchanceté ne signifiera rien d'autre que mon désir de survivre à la mort officielle. Mon nom, je ne laisserai pas qu'on l'inscrive sur vos ardoises magiques et que ma maladie, décrite dans vos bulletins spécialisés en prose jargonnante, on en fasse l'exposé détaillé et consternant d'inutilité et de bêtise, car ma mort vient de bien plus loin et car la mort ne s'inscrit nulle part. Me voilà donc, venu clamer devant la noble assemblée que la mort n'est rien. Mais l'un de vous je ne sais lequel me demande si ce dessin n'était qu'un préalable à l'attentat que j'ai commis (et vous me faites répéter après vous ces mots dans la petite pièce éclairée au néon comme pour me convaincre que j'en suis l'auteur, du crime et du dessin, alors que je me tue à vous le dire, la voix cassée de n'avoir pas dormi, la tête bourdonnante, que je ne suis l'auteur de rien, ni du crime ni du dessin), et on me demande encore si j'ai agi en conscience, autrement demandé si je n'aurais pas pu agir autrement, on me demande enfin – mais je n'écoute plus, je n'ai pas besoin d'écouter, je sais avant de les entendre proférées hargneusement les paroles qu'on va m'adresser – pourquoi si calmement, dans la pleine possession de mes moyens (a-t-on dit) avant d'attenter à ma propre vie, j'ai commis le dessin en question; mais, finissons là, je vous réponds qu'il n'est qu'une provocation de plus, qu'il n'est le prélude de rien, que c'est l'ironie du sort qui m'a jeté là et qui maintenant me fait tracer tout ceci. Qu'à la vision d'une pagaille de traits épileptiques semés au hasard (traçant approximativement la figure de l'herbivore) ou d'une rhapsodie de mots disparates et couchés dans la fièvre on fasse le procès de savoir quel sens j'ai voulu y déposer ne me concerne pas. Pour vous contenter, j'ai livré mille échantillons de mon talent présumé, comme vous délivrez ordonnances et prescriptions ; j'ai cru bon de feindre la neurasthénie, pour avoir la paix : l'identique carcasse de bovin, je l'ai recopiée plus d'un millier de fois, me jouant de votre patience et puisant à cette intention dans l'étroit couloir de ma mémoire ; j'encadrai chaque exemplaire en guise d'enluminure par le procédé inédit d'une ligne brisée d'électrocardiogramme. Combien de petites caméras étaient-elles braquées sur moi au moment où je réalisai ces spécimens probants de ma dissolution, cette parodie de petite apocalypse ? Chaque matin, une infirmière venait me visiter. Elle entrait dans la chambre, tirait les rideaux énergiquement. Bertille, elle s'appelait. S'agissant des infirmières, le nom de famille est superflu. Elle ne m'adressait guère de paroles, pourtant son visage n'avait rien d'hostile. Bertille, donc, avait licence de me déshabiller et rhabiller, faire mon lit, épousseter la tablette amovible sur roulettes, me servir les plateaux-repas. Elle seule avait le privilège de me tendre chaque après-midi une liasse de papelard recyclé sur lequel je donnais libre cours à mon imagination détraquée. La direction de l'établissement avait sans doute jugé bon de surveiller l'évolution de ma maladie en prélevant par ponctions régulières mes productions graphiques. Un joli tableau clinique, cela devait finir par composer, la somme de mes croquis tout pareils par le motif et la technique, l'équivalent esthétique d'une courbe de température qui rejoindrait tôt ou tard le pilon. Impossible de me le dissimuler : exécutant ces dessins, c'est l'admiration secrète et ravie de l'infirmière que je recherchais avant tout. Il n'était pas si simple, couché sur le lit d'hôpital, tenu à l'œil par le judas et les visites inopinées du médecin-chef, de feindre la coopération. Je voyais rarement Bertille de face. Le blanc proprement amidonné de son costume d'infirmière dessinait sur ma droite ou sur ma gauche des zones de clarté intense. Je voulus un jour lui demander si elle était fiancée (j'avais noté l'absence d'alliance à son annulaire), mais les mots s'étranglèrent dans ma gorge, je ravalai ma salive. J'étais bâillonné, je sentais sur ma poitrine l'oppression de tonnes de coton hydrophile, dont le poids très lourd ne parvenait pas à m'écraser, mais tout de même m'empêchait de former une seule phrase cohérente. Quelqu'un travaille à mon silence, pensais-je, je m'indignais, je pestais, j'étais ridiculement faible dans ma chambre à l'odeur d'ammoniaque. Pourtant Bertille, qui avait deviné ma demande, eut ce jour-là l'indulgence de se pencher sur moi plus qu'à l'accoutumée pour redresser mes oreillers. À dater de ce jour, je fus initié, envahi, conquis par le mystère de l'infirmière qui, à force de séduction, mène le patient à la guérison ou à la mort qu'elle assaisonne d'un érotisme léger. Mais qui les avait jetés sur mes traces? ne pouvais-je m'empêcher de me demander, lorsque la pénurie de papier ou le sadisme du médecin-pape me forçaient au désœuvrement. Avais-je au moins commis un crime? Je m'abreuvais dans ces moments-là d'images à la télé, pour tuer le temps. Rebroussons chemin, si vous le voulez bien. Je me souviens de la nappe de papier froissée sous mes yeux et je m'étonne encore de n'avoir pas réagi plus violemment, non même je ne fis rien, je continuai seulement – mais avais-je vraiment le choix? – de faire illusion, c'est-à-dire que je m'efforçais de continuer mes griffonnages sur le bout de nappe restante, c'était pour moi la seule façon d'échapper à mon geste. Je crispai mon poing refermé sur le petit crayon et étreignis ma cuisse sous la table de l'autre main. Je regardai les trous presque invisibles de ses boucles d'oreilles, la rougeur sur ses joues. Je ne voyais rien d'autre que ces deux trous et les deux pommettes un peu saillantes. Je ne pouvais pas voir le visage entier, je ne pouvais voir simultanément les yeux, le nez, les oreilles, le front. Je ne me rappelle pas lui avoir adressé la parole, du moins à partir du moment où nous nous assîmes à la table. J'avais fait le guet pendant plus d'une semaine, posté en sentinelle sous l'abribus qui m'avait servi de guérite. J'allais le soir, pour trouver le sommeil, visiter les chantiers d'un lotissement en construction. Je cultivais dans ces excursions nocturnes le goût de l'effraction. Le décor, aperçu depuis ma guérite. Une tour solitaire barre ma vue si je tourne la tête à droite. L'entrée du parc plus loin sur ma gauche est déserte. Instinctivement je plonge une main dans ma poche. Je sens sous mes doigts la solidité d'un crayon de bois que je fais tourner entre l'index et le pouce, j'inspecte du bout de l'index la mine et j'appuie la pointe d'une pression constante jusqu'à ressentir une douleur très exactement localisée; un foyer minuscule de chaleur se forme au bout de mon doigt. L'allée des sapins, qui borde d'un côté l'avenue, trace une balafre épaisse en direction de la gare, ligne sombre et en pente tout du long; l'autocar peine à la monter, crachant derrière lui une fumée noire. L'autre côté de l'avenue est grillagé;

derrière les haies d'épineux ce sont les terrains de sport du lycée et le dojo. Une ligne d'erre m'attache au quartier de la Porte Neuve, occupé que je suis à épier ses sorties. À force de me tenir debout à l'affût, toute mon attention braquée sur cet être unique dont je guette l'apparition, mes yeux finissent, comme si un mécanisme minuscule s'était à la longue greffé derrière mes pupilles, par transformer ma perception en un visionnage de la réalité. Elle se résume alors à la matière étendue des objets sans passé ni mémoire, une étendue impassible, abstraite et dépourvue de profondeur. Au sein de cet espace sans puissance où je me sens moi-même sans désir, je perds ma solidarité avec les objets qui se meuvent devant moi. Je n'ai plus de la vision que la mimique. Je suis devenu une caméra de vidéosurveillance, comme on en trouve dans les banques ou dans les supermarchés : un dispositif d'enregistrement des images sans état d'âme, appliqué par quelque fonction secrète à sélectionner les informations et identifier parmi le stock des données visuelles le signal espéré, l'image différée, qui rendrait la vie à mon corps et le rapatrierait au milieu du monde. Ce corps passivement réceptif et statique, comme privé de mouvement et de sensibilité, j'en avais pourtant une conscience exacerbée, presque douloureuse ;

chaque parcelle de ce corps objectif commué en une plaque sensible exposée à la lumière extérieure et collaborant à la vision par le nombre infini des capteurs incrustés en chaque pore, comme si membres, tronc et muscles sous la peau n'étaient plus qu'antennes perceptives déléguées à l'activité de voir, mon corps tout entier était machine de vision. Je me sentis alors subitement amaigri, extraordinairement maigre, comme d'avoir jeûné, un être vertical aux traits émaciés, presque devenu impondérable. Seuls mes pieds me rattachent au socle de la rue, pensais-je, heureusement les pieds sont là, encore visibles. Son apparition (que je n'attendais plus) me donne la confirmation que je suis devenu vision pure. Avant même que mes yeux la rencontrent – rencontrent d'abord le petit sac rouge serré contre la taille, le bord du manteau découvrant un poignet, puis remontent l'arche du bras jusqu'à l'attache de l'épaule, enfin découvrent la partie haute du visage (les yeux et le front large où une mèche dépasse) entre l'écharpe et le béret en feutre qui l'encadrent –, mon corps entier, emporté dans un mouvement brusque et autonome, répercutant l'onde de choc, se dégage de sa gangue d'immobilité dans une inclination aveugle et inconsciente et la rencontre à distance. Magie du premier contact. Je découvre un sourire de fille aveugle adressé à nulle part. Les lèvres forment deux traits minces, ligne d'horizon gris-bleu. Je la vois se détacher du groupe qui l'accompagne, elle m'arrive sur les ailes fébriles d'un cataclysme, comme une statuette minuscule et mobile. Plus loin, un pneu crisse et aussitôt après un attroupement se forme. Je ne sais pourquoi, la voyant s'approcher, je pensais à ces hommes et à ces femmes qui fument tranquillement sur le seuil de leur maison, un souffle d'air chaud courant dans la rue et emportant avec lui moustiques séchés, papiers sales et détritus. Ils ne savent pas dans la chaleur caniculaire qu'un séisme dans quelques secondes va tout détruire, ils ne savent pas qu'ils vivent (le visage perdu derrière les nuages de fumée bleue de leurs cigarettes aspirés au-dessus de leur front) le calme un peu tendu avant-coureur des catastrophes. Les fils électriques tremblent sur les pylônes, le linge sèche sur les fils dans les jardins. Je ne pus m'empêcher d'associer sa démarche au goût sec et cendré du vent et à l'odeur un peu âcre d'insectes morts pilés. J'imaginais sa voix (je voyais de loin ses lèvres articuler quelque chose) rauque et son débit légèrement accidenté, lézardé, dans lequel j'aurais entendu le doux fracas d'immeubles s'écroulant, la pluie d'éboulis zébrant la région de son visage. J'ai vidé le café de ma tasse, il était amer et tiède et écœurant, avait le goût fondant de l'asperge. J'ai frotté la manche de ma veste, ai recueilli un petit cylindre de cendres mortes intact dans ma paume et l'ai laissé choir délicatement dans le vide. Je me souviens très précisément (et je me le rappellerai toujours ainsi) de son regard, tandis que le visage penché je me vouais corps et âme à faire jaillir la vie sur l'espace blanc et légèrement froissé qui nous séparait. Son prénom que j'avais entendu dit par un autre m'évoqua aussitôt le charbon et la mine. Il avait crié Lorraine et elle ne devait plus dès lors s'évoquer à moi que sous la lumière sale de ciels fuligineux dans des paysages miniers, auxquels j'associais le son des cages d'extraction descendant dans les profondeurs de la terre. Pensant : elle restera, oui, à coup sûr, et aussi longtemps que tu maintiendras vie et mouvement sur la nappe, petite épopée tapageuse de gestes épileptiques à la pourchasse de ces formes saccadées, chaotiques, prêtes à se défaire, à se contredire et à se dissoudre à chaque nouveau trait, elle sera forcée de rester (au moins peux-tu l'imaginer, croire au miracle de la chose dessinée, à son pouvoir hypnotique), et sachant que le dessin la tient captive, mieux prisonnière, sans volonté, peu importe que son motif demeure incertain, inconnu d'elle, peu importe que rien ne soit fixé, tu la forceras à rester, c'est bien là (crois-tu) ce que tu veux, te l'attacher, l'avoir pieds et poings liés, croire que ce dessin te l'attache, la ficelle, la ligote, tu n'en attends rien d'autre (du dessin). Mais que veux-tu au juste ? Pas en tout cas qu'elle se prenne d'affection banale pour toi ; c'est pourquoi tu n'as pas, penses-tu, à la séduire, à lui parler (de son joli sourire d'aveugle, de ses jambes ou du livre qu'elle feuilletait lorsque tu l'as aperçue la première fois). Plus tard, le soir, nuit noire, dans les rues, tu ne sauras toujours pas ce que tu voulais vraiment, ce que tu attendais d'elle lorsqu'elle était en face de toi. Je dévale une rue en pente douce qui je veux le croire mène à la mer, aux moutonnements gris et nerveux de l'écume, derrière le remblai désert, mais c'est sur les laboratoires pharmaceutiques qu'elle donne, au bout, livides. L'immense façade de ciment émergeant sinistrement au-dessus de la ceinture des hauts murs rouges et sales, sa vision féconde l'effroi. Et m'évoque les zones portuaires, dépeuplées, sentant la rouille et le mazout. J'aime me heurter de loin à l'impénétrabilité, à sa dureté de coffre-fort. L'idée d'enfermement s'empare de moi, je dois continuer, me dis-je, aller jusqu'au bout, me précipiter vers le mur de briques rouges (au risque de m'y écraser comme un insecte sur un pare-brise), je ne recèle plus en moi qu'une ineffable panique qui s'épuise dans la vitesse des jambes. Le pavé brillant, la lumière des réverbères s'y mire. Des gouttes de pluie glacée s'écrasent sur mes mains, j'ai froid aux mains, la peau dessus s'horripile, chair de poule. Précipices microscopiques, mini-goufres de mes pores, enfer à fleur de peau. Le froid fait ressortir ma chair et je coule à pic dans ce monde de ma chair. Une question que je me pose : mais qu'est-ce qui me pousse à rebrousser chemin encore, direction les quartiers nord, quelle force irrépressible me contraint subitement à m'éloigner des laboratoires et à prendre par la gare pour rejoindre la zone des pavillons en construction? Et je trouve dans l'élan de fuite qui me refoule du périmètre des labos autant de violence que j'ai senti dans l'attraction qui m'avait plus tôt entraîné ici, et une fois de plus je traîne entre envie et dégoût ma carcasse dans les rues sombres. S'il me fallait dans le moment spéculer sur mon sort, trouver une raison à ma démarche voûtée, justifier le pli amer à ma bouche, je ne pourrais me défendre sur l'instant de marquer mon dégoût; ma réponse, pour sûr, aurait des relents de soute à charbon. Le vent balaie la rue par brusques bourrasques. Odeur du sel. Je bifurque sur ma gauche, une avenue. L'étonnement naïf, ça revient ; pourtant rien de vraiment nouveau. On avance, on ne présume rien, on va au hasard dans les rues sans nom et apparemment interminables, car rien ne m'arrête, rien ni personne pour me presser de rentrer dormir, je continue ma route, après quoi je ne le sais pas. Comme on dit courir à sa perte, je plonge tête la première, épave future ; irai-je jamais au bout de ma pensée ? Tout ce qui se dit dans une tête livrée à elle-même, tandis que le corps chemin faisant livre l'argument d'une parfaite autonomie, je vous le jure, ça n'est pas rien. J'assiste, de loin, à ma ruine probable. Vrai, on dira ce qu'on voudra, on n'a pas fini d'en voir, il n'a pas fini de nous en jouer, des tours, ce corps errant, escorté par maladies, nausées ; sous perfusion, il continuera j'en suis certain à vivre vaille que vaille, à l'estime ; la routine, cauchemars en prime tandis que le fin vaisseau de la pensée déjà prend le large, cap de la mort, aux confins des terres de feu. N'est-il pas, du reste, ce monologue insensé et stérile, qui se poursuit en nous, et nous accompagne jusqu'au bout comme un bruit de fond perpétuel, ressac nocturne, la seule chose restant à celui qui n'a plus rien, le seul pouvoir quand a disparu même la puissance de commander à ses orteils ? Il m'arrivait de croire que je courais hanté après quelque chose inconnue de moi suivant une ligne d'erre infinie, ce trésor sur les traces duquel mon grand-père courut dans les dernières années de sa vie en dernier courage, y laissant ses dernières forces dans cette course, peut-être une pensée après laquelle je m'étais mis à courir moi aussi (et d'un pas qui ne traînait pas) en renfort et manière de poursuivre l'œuvre inachevée de mon grand-père mais qui m'échappait tout de même, était en train de m'échapper par trop marcher, ne jamais s'arrêter, ne pas savoir où aller. La destruction de mon dessin n'était-elle qu'un artifice (appelé tout autant que redouté par moi) destiné à produire le spectacle de mon total effondrement ? Je m'affale, oui, je m'effondre, le temps de reprendre mon souffle. Je ne compris pas aussitôt si la main qui l'avait théâtralement déchiré, en prenant soin j'imagine de conserver la figure centrale de l'animal-os, avait l'intention de soustraire l'animal à son environnement graphique pour en atténuer l'influence délétère ou de marquer un point final à la scène. La conclusion du geste fut que je me sentis amputé. Une crispation nerveuse dut apparaître sur mon visage. Mais voilà que maintenant mon sort est entre vos mains, comme on dit, figurez-vous seulement que vous possédez la clef que je vous tends, et cette clef, tout à votre aise vous pouvez la tourner et la retourner dans vos mains blanches et soignées, la frapper contre le bureau en métal (qui sait quel son il donnera) en continuant à me parler pour me dire le bien que cela me ferait de parler à moi aussi (acceptez enfin d'entendre ce que vous avez fait, dixit le médecin-chef), vous la pourrez même maintenir au niveau de votre tempe, du bout des doigts, comme un officiel et solennel point d'interrogation. Vous avez là l'extrait. Vous jetez de temps à autre un regard lointain, embrumé, un soupçon irrité, sur mes dernières productions, elles n'apportent guère de nouveauté, hélas, vous n'y voyez, avouez-le, guère plus qu'un malade hébété devant les déprimantes taches de Rorschach. Que par la suite on classe mon dessin, pièce à conviction, dans un dossier ouvert à cet effet (une pièce de plus versée dans un dossier qui comptera chaque jour de nouvelles preuves de plus en plus éclatantes de ma folie), et que ce dossier on prenne le soin de l'archiver dans l'une de ces lourdes armoires de fer staliniennes blindées et cadenassées à double tour, dans une pièce tout en longueur (chambre forte, couloir étroit, obscur et non ventilé) uniquement fréquentée par une infirmière encore jeune qui est à vos ordres ; que tout cela se produise au fond comme je l'ai calculé, je considérerai la chose philosophiquement, avec détachement, en un mot je serai comblé. Les armoires brûlent d'être ouvertes. J'aime assez, dans ma chambre d'hospitalisé, imaginer le parcours inquiétant que chaque soir Bertille accomplit de manière clandestine sur le marbre hospitalier. Il me semble y être, voir cela : le dédale des couloirs, la pâle clarté du néon, Bertille se retourne, personne ne la suit, l'escalier de secours, une porte ignifugée. Les mains de Bertille volent autour du lourd verrou. Pas une expression sur le visage ne trahit la satisfaction qu'elle éprouve à consulter mes médiocres canevas d'angoisse. Vous l'avez certainement, cette jeune infirmière exemplaire, recrutée après scrupuleux et professionnel examen de ses compétences ; elle a, il n'est pas douteux, manifesté, à tout point de vue, de solides motivations et su démontrer, par son calme, sa présence d'esprit et l'inventaire de ses diplômes, qu'elle était incontestablement la personne requise pour nos soins. Méfiez-vous cependant. Certaine intuition m'indique qu'elle pourrait brouiller les cartes, en distillant dans la cure un semblant de méthode féminine. Pardonnez-moi le stéréotype, mais chaque fois que le cœur lâche, c'est bêtement aux soins de l'infirmière que je veux confier ma conscience puérile, mon héros est un accidenté qui guette sur son lit d'hôpital les ailes neigeuses d'une cornette. Bertille : mon inspiration lui décerne l'aura scandinave, les cheveux blonds coupés court, une rigidité protestante, je la vois vêtue d'une blouse blanche amidonnée qui dissimule mal au corsage la naissance des seins de peau laiteuse, pardon pour le descriptif, mais pauvres internés que nous sommes, nous continuons de ressentir au plus vif ces inclinations charnelles, instinct de conservation si vous voulez, le sensible nous gratte comme la gale, comprenez bien que de nos lits, emprisonnés dans nos sangles de cuir, chair humaine empaquetée et bourrée de calmants, nous ne sommes pas insensibles à certains charmes, nous ne laissons pas l'occasion filer, ne vous déplaise nous guettons même les allées et venues de l'infirmière, nous respirons à pleins poumons son parfum légèrement acidulé chaque fois qu'elle se penche sur nous (nous oublions alors l'odeur aseptisée de nos pyjamas mêlée à celle de transpiration et de merde, l'espace d'une toux) et c'est avec une joie mauvaise que nous plongeons nos regards dans son décolleté (d'ailleurs, le fait-elle exprès, se pencher comme ça sur nous, est-ce compassion, pur dévouement ou l'instruction donnée par vous, docteur, qu'elle suit à la lettre ?) ; d'être fous, mal-portants ou incurables décuple notre sensualité détraquée, coups d'œil sur le personnel féminin, ivresse du nez, nous bandons ferme, et tout et tout. Ce scénario me console en tout cas et me fait même sourire, car si la chose venait à se produire, et je ne doute plus qu'elle se produira quelque jour prochain, cela soulignerait indéniablement (n'est-ce pas ?) l'appartenance de mon dessin au patrimoine iconographique de la folie, à ces milliers de brouillons rédigés sous l'œil expert et morne du médecin-chef de garde, contenant mal ses envies de bâiller, mais contemplant la genèse clinique de ces anomalies, monstruosités, perversions formant la communauté inavouable de sujets d'expérience désemparés, aliénés, confiés pour leur bien, livrés aux serres de l'institution, à laquelle d'ailleurs si souvent la responsabilité de leur coupable récidive incombe : futur interné et bientôt condamné à la folie incurable, dont on ne manquera pas de mesurer, à chaque réunion du bureau extraordinaire des admissions, les progrès de la maladie mentale. Que ce dessin accompli sur une nappe de cafétéria fût le préambule de mon internement, c'est ce que j'étais prêt à accepter, c'est même ce que j'appelais de toute mon âme et de tout mon corps, c'est l'avenir que je réclamais pour moi depuis mon plus jeune âge (je m'en étais fait une secrète vocation), tandis qu'en ces fins de repas de famille, sur une nappe tachée de vin et semée de miettes de pain, le visage devant ma coupe de fruits au sirop remplie à ras bord, je rêvais d'échapper au monde clos et adipeux auquel me clouaient ces réunions familiales. Parenthèse : face à moi, au-dessus de la cheminée qu'on ne fit jamais fonctionner, accroché au mur, le *Zélande* flottait, immatériel, sur le vert émeraude, tandis qu'une abeille tournoyait ironiquement autour du saladier.

BX 740 Zélande

C'était écrit sur la coque en lettres blanches, qui me sont restées en mémoire comme une rumeur mal dépassée. Je savais déjà que je n'oublierais jamais la vision de ces lettres peintes sur la coque sombre, qu'un jour je trouverais la place de les recopier quelque part, au nom d'une gloire posthume ; et l'abeille butineuse, qui sait si je ne la retrouverai pas en colonie, un de ces jours, sur une tombe fleurie, je me disais cela devant ma coupe de fruits. Je me sentais vidé. Épuisé. Cassé, je ne dis pas, car je conservais malgré tout une force nerveuse qui sommeillait dans tous mes muscles, prête à exploser, et qui impulsait aux gestes de mon bras gauche une assurance illimitée. Certes ce bras était ralenti, car abandonné l'esprit de profusion qui avait préfiguré à l'apparition sur la nappe de l'aurochs, je ressentais une immense fatigue, qui m'était infligée comme une contrariété de plus. Ma tête vibrait, une voix sirupeuse, sucrée, emplissait la cafétéria, comme une plainte gémissante. Langueur orangée. Les murs au papier tapisserie compulsif se pressaient contre mes tempes et noyaient les conversations environnantes dans un crépitement d'incendie. Je continuais mon dessin sur la nappe en papier, malgré la voix lancinante du juke-box qui vomissait les paroles d'une chanson vaguement déprimante, malgré l'étau des murs, malgré le son de cette voix qui paraissait en suinter et malgré le sentiment d'absurdité qui commençait à m'envahir. Je continuais malgré tout. Moment de crise. Une ou deux fois par mois, je passe quelques jours seul à l'hôpital. Je n'y reçois pas de visite, personne n'est au courant, ça reste entre eux et moi. Un coup de téléphone ; parfois un infirmier qui sonne à ma porte, accompagné d'un autre, en civil. Sur place, on me traite avec beaucoup d'égards, des manières doucereuses et des accents paternels. À mes questions, invariablement, on me répond que je dois oublier que je suis à l'asile : oubliez que vous êtes ici, enfin, cette référence constante au concept de frontière sème la plus grande confusion dans l'esprit des hommes et, comment dire (une toux suivie d'un long silence), cela prend chez vous des proportions qui finissent par nuire à votre équilibre psychique, voilà, votre santé pâtit de l'idée de limite, l'idée de limite vous obsède tout bonnement et vous paralyse, un soupir de lassitude, allons, oubliez ça vite. La durée de mes séjours dépend de mon état. Même ton de voix lorsqu'il est question de mon état général ; on m'explique d'abord que je devrais le prendre plus au sérieux, prenez-vous en main, voilà ce qu'on me dit, avec dans la voix quelque chose qui se vrille dans les oreilles, et le visage aussi change, tandis que la voix commente l'état du patient, le visage prend les traits du sommeil ; ils ont tous ça, le sommeil qui leur monte à la figure. Vous ne savez jamais très bien ce que tout cela veut dire, qu'est-ce qu'ils veulent dire, au juste, au sujet de votre état général, vous demandez-vous. Dans quel état tu te mets ? On entend la question qui n'attend jamais de réponse, on voit la fatigue envahir le visage au teint cireux, le visage qui devient anonyme, deux trous noirs dans le mur blanc du visage. J'acquiesce pourtant. Même, je suis tenté de revenir ici plus souvent. Pas pour entendre parler de mon état, seulement pour les visages qui s'allongent autour de moi. Vous devez à tout prix oublier ces frontières, me répète-on. J'entends : vous ne vous en sortirez pas ainsi. Je n'habite plus, je l'ai dit, l'ancienne chambre de Hesse, qui n'était pourtant pas un misérable logis. Je ne sais qui m'a envoyé ici la première fois, ce que j'ai à y faire. À nouveau, avant de reprendre ma course, je considérai la maison, je fis quelques pas en arrière sur la route, et je la considérai d'un peu plus loin encore quelques minutes en fumant une cigarette. De ces murs – une fois que poncée, enduite et mise au net la façade, qu'aplanie, asséchée, gazonnée l'étroite surface de terre rectangulaire découpée devant en guise de jardin et agrémentée d'une plate-bande de géraniums ou d'azalées – émergerait une villa dénommée « Mon désir » ou « Mon plaisir », on fait pas mieux comme lapsus, j'en ai vu tellement tout le long d'avenues chétives qui n'allaient nulle part, presque toutes baptisées ainsi et alignées les unes à côté des autres, étriquées et toutes pareilles, l'un répétant l'autre toute une ribambelle de pavillons identiques par l'architecture et l'ambition manifeste qui a présidé à leur construction et pourvoirait aussitôt qu'investies à leur conservation, moi leur stupide nom de baptême ne m'a jamais fait rire, pas même ironiser sur le compte de leurs anonymes propriétaires, après tout, me dis-je, les lettres « Mon désir » sur la peinture à peine séchée n'équivalent-elles pas à tous ces Baptiste ou Marie qui courent les rues et qui n'ont rien demandé et qui à peine sortis du ventre de leur mère ont leur prénom déjà qu'ils garderont jusqu'à la mort comme une croix ou une bénédiction sur eux posée, été comme hiver, ces syllabes prélevées sur le calendrier des saints patrons, ils devront bien finir par s'y habituer, s'y faire, comme on dit, et ce prénom, toutes les fois que lancé à la cantonade ils l'entendront adressé à eux sur le ton de l'interrogation, n'est-ce pas aussi comme réponse au bon plaisir de leur parent qu'ils l'entendront prononcé, moi j'avais l'impression toutes les fois où je passais devant un de ces jardins et qu'une voix s'élevait pour appeler Baptiste ou Jérémie qui jouait dans le jardin, j'avais l'impression qu'on n'était pas venu ici pour fonder une famille, mais pour s'y enterrer, littéralement, coloniser un morceau de territoire seulement pour essayer voir, et que dans la voix qui criait Baptiste ou Jérémie résonnait le même quiproquo qui proclamé sur la façade interpellait

le passant que j'étais, prénom de l'enfant entendu
et nom de la maison en lettres de céramique résu-
mant en un sobriquet inoffensif comme une plai-
santerie innocente le même désir de mort d'une
famille entière, et ça me rendait encore plus
malade de savoir qu'ils n'étaient pas complètement
irresponsables, qu'ils savaient bien tout de même
ce qu'ils faisaient, de quel crime passif ils se ren-
daient coupables, non, je ne les croyais pas si cons
qu'ils ignoraient pourquoi ils étaient là, et après
tout appeler « Mon désir » son pavillon, ou Bap-
tiste son fils, n'était-ce pas façon d'interpeller,
d'attirer le passant comme moi, l'apostropher pour
lui dire voilà, tu sais ce qu'il en est maintenant, et
lui inoculer leur mal de vivre incurable, car à
rendre le malaise aussi perceptible on ne peut que
vouloir le propager, je pensais ça doit pas être pos-
sible de tenir à l'intérieur de ces quatre murs-là, de
rentrer tous les soirs chez soi, et en fouillant dans
ses poches pour chercher la clef d'avoir au-dessus
de soi cette épithète du bonheur contrefait, ça doit
pas être possible. Le soupçon s'est porté sur Ber-
tille, qui a disparu du jour au lendemain. Sa sensi-
bilité esthétique a dû éveiller la méfiance de la
direction de l'établissement. On m'a transféré
après son départ dans un immense dortoir, où je

reste seul. Des fenêtres étroites situées à deux mètres du sol dispensent une lumière avare. Une cohorte d'infirmières sans charme a pris la relève, impossible dans ces conditions d'entamer une conversation. Elles surgissent en essaim dans le grand dortoir vide à divers moments de la journée. Imprévisibles, elles s'affairent inutilement autour de mon lit. Leurs têtes sont minuscules, fines comme des têtes d'épingles, je ne parviens pas à déterminer d'expression sur leurs visages ; seules leurs mains lorsqu'elles se posent sur moi, auscultent, tâtent ou saisissent, sont grandeur nature. Du lit où je reste la plupart du temps cloué, apathique, m'apparaît également minuscule la rangée des lits blancs inoccupés (je n'ai jamais réussi à savoir pourquoi j'étais seul ici, on ne répond jamais à mes questions) comme un rang de minuscules boîtes d'allumettes blanches alignées les unes à côté des autres. On ne me donnait plus de papier, depuis le renvoi de Bertille. Une nuit, je profitai de la distraction du médecin de garde pour me glisser dans le vestiaire du personnel, au rez-de-chaussée. Les réverbères du parc reflétaient une lumière verte d'aquarium dans l'étroite pièce aux armoires d'acier. J'entendais le grésillement d'un poste de radio à l'autre bout du couloir, j'ai ressenti au moment où j'enfermais le carnet dans ma main un sentiment d'apaisement immédiat. Du lit, ou près de la baie vitrée lorsqu'il n'y a pas de fumeur dans la salle et que la télé est éteinte, je prends maintenant quelques notes sur ce carnet volé. Ce calepin, j'ai attendu longtemps avant de l'ouvrir. Il m'a collé au corps pendant des semaines, je ne suis jamais sorti de ma chambre sans le sentir à travers les poches de mon pyjama, souvent je plaquais mon bras au corps pour en éprouver la présence rassurante, en sentir aux coins racornis l'usure. Je n'oubliais jamais qu'il était là. Sur ce calepin maltraité, maculé, déchiré, taché de café – et sur lequel avant moi on a crayonné à la hâte, sans souci de lisibilité : une liste de courses, tabac, sucre, huile et un brouillon de lettre adressée à l'Union nationale des apiculteurs –, je me suis mis à prendre quelques notes. Ce calepin est dans ma main comme un petit cercueil dans lequel je peux enfermer mes visions du ciel que j'aperçois dans le rectangle de la fenêtre. Frappant, qu'on les remarque si peu, ces clartés crépusculaires, extinctions muettes, incandescences fugitives. Parfois la lame grise immatérielle du couteau qui me rappelle le trait mince de la bouche de Lorraine. Je continuais à dessiner – ce patient travail d'exhumation – et à la manière délicate de l'archéologue qui époussette avec sa balayette les ossements déterrés je cherchais à préciser la forme du squelette, en revenant sur chacun des os le constituant, un à un je les passais en revue, je revenais dessus au crayon sans cesse (quoique très légèrement, cherchant presque à dissoudre ou abolir le contact de la mine sur la nappe en papier), de sorte que par un tracé tumultueux de lignes préférable à la netteté d'un vecteur les contours m'en paraissaient mieux délimités. La nappe – je n'avais pas fini mon lent travail de fouille – fut déchirée. Elle se leva et partit avec le bout de nappe. J'imaginais sa nuque s'éloigner dans la cafétéria et le mouvement de ses jambes empêché par les consommateurs massés au comptoir. Je restai seul devant l'échancrure découvrant le plateau de la table en formica. Soir, tard le soir, je couchais donc sur mon calepin quelques notes éparses, d'abord furtivement, sans projet ; après quelques jours j'y travaillais sérieusement, avec un certain acharnement studieux et naïf, je remplissais les pages jaunies à petits carreaux, j'y mettais beaucoup d'application mais je rencontrais aussi d'énormes difficultés à trouver mes mots, sachant que le nombre de pages m'était compté. Les mots tassés, agglutinés, serrés comme des sardines, ces mots minuscules et illisibles, pattes de mouches, chiures écrasées, ces mots dont j'attendais qu'ils disent quelque chose de neuf, qu'ils jettent une clarté nouvelle sur mon existence, je les alignais délicatement sur le papier, ils finissaient à la suite les uns des autres (procession de minuscules corbillards noirs) par tracer, frayer un sentier lumineux. Les pages se remplissaient, j'avançais précautionneusement, sous ma main le trépignement sourd et sans fracas des phrases. J'aurais, je crois, si l'écriture me l'avait permis toutefois – si j'avais accepté de me plier au travail de composition que le projet impliquait –, tenté de faire ressortir la carcasse de l'herbivore dans un contexte plus précis. Il m'aurait fallu trouver les expressions justes pour décrire l'aspect à la fois funèbre et grandiloquent du dessin, expliquer qu'avec l'animal-fossile apparaissant sur la nappe-linceul je faisais resurgir dans un parcours mobile et accidenté la cohue de ces rumeurs mal dépassées, je parle de ces conversations d'adultes, à l'écart desquelles on est tenu par un geste de précaution inutile. J'entends encore le murmure assourdi de ces voix chuchotantes et avec elles la fièvre avant-courrière d'un désastre auquel je ne pouvais assister que de loin. Là, j'éprouvais, avec une curieuse et profonde inspiration, l'intimité avec la mort, contractée, acquise et cultivée en écoutant derrière les portes, non pas en cherchant à comprendre ce qui se disait effectivement de l'autre côté, mais en devenant passivement réceptif et en me soumettant totalement à la solennité de l'instant, incapable que j'étais encore de compréhension, de discrimination, ou même d'incrédulité. Esseulé, je faisais l'expérience d'un temps vide, nu, sans événement, habité seulement par la rumeur de ces voix. Et si maintenant je ne sépare pas le caractère des funérailles et le style grandiloquent, c'est qu'il fallait bien, au son de ces voix, et par le secours de mon imagination, leur donner, à ces morts (ou maladies qui frappent les familles) qui me paraissaient illustres d'être chuchotées et de commander qu'on me tienne à leur écart, l'éclat qu'elles méritaient. Je n'avais d'autre moyen à ma portée pour susciter le secret que de faire comparaître la mort devant moi sous un lustre extravagant. Je savais bien que ces traits sarcastiques sur le papier de la nappe, ils ne racontaient pas autre chose que cette exagération, je savais aussi que leur emphase et leur outrance muettes ne mèneraient à rien ; non seulement le dessin n'aboutirait pas, mais il contribuait sans doute à rendre plus cuisant le sentiment d'échec, car j'avais cette fois-ci sollicité un témoin à ma charge. J'aurais pu, pour couper à ce sentiment, renchérir et prétendre que je ne ferais jamais partie de ceux qui ont voix au chapitre. Il m'aurait fallu parler, dire n'importe quoi, mais pour rien au monde je n'aurais lâché une parole. Décevoir : j'aurais pu me tailler une jolie carrière à force, décevoir pour pallier le manque de méthode, cette absence de foi qui ont étouffé dans l'œuf tous mes projets. Ne voulant rien dire d'autre que mon intention de tourner le dos à mon but : les motifs sur la nappe m'installaient dans cet écart, par où j'entrevoyais que rien au monde ne s'accomplit de vraiment neuf. Lorraine ne disait rien, elle non plus, elle ne bougeait pas. Que pouvais-je faire qui me l'attachât définitivement ? Par quel autre moyen – s'il est convenu d'appeler moyen ma grotesque mise en scène – la capturer, retenir son attention ? Hilare, je commençais à me sentir hilare. Je ne lui adressai pas un regard cependant, je sentais bien qu'elle finissait par perdre patience, je pouvais toujours en attendant me dire que le dessin allait produire son effet, aussi prétentieux, dérisoire et prétentieux que cela pût paraître, ce dessin bâclé sur la nappe l'empêcherait de partir, me disais-je. Une pluie fine rayait mon visage. Je piétinais depuis dix minutes autour du chantier; déjà gagné par l'ivresse, j'essayais de m'en figurer les futurs occupants. Je fis quelques pas à l'intérieur de la maison. Tendue à bout de bras, la lampe de poche trouvée à l'entrée du pavillon jetait une clarté anémiée dans les ténèbres autour de moi, le filet de lumière appauvrie frayait dans la nuit un chemin incertain, confus, fouillait, inspectait les parois du bâtiment. J'étais, lampe à bout de bras, en quête des signes de la décomposition, et mes gestes désordonnés concouraient à me dévoiler les lieux par à-coups, par bribes, et c'est en lambeaux qu'ils m'apparaissaient, morcelés en visions brèves et hachées, comme si je devais pour une raison ou une autre (qui m'était cachée, mais dont j'étais prêt à reconnaître la nécessité impérieuse) m'y heurter et m'y sentir mal, une présence incongrue, de trop. Ainsi quoiqu'en un sens je répugnais à l'idée de me laisser abuser par la lumière défectueuse de la lampe électrique, je ne désapprouvais pas celle qui faisait de moi un intrus en butte avec les forces locales, je ne m'étonnais pas de ressentir une violence trouble, la perspective de devoir ici affronter quelque chose de poisseux et d'hostile ne me révoltait pas, suffisait seulement à me tenir en alerte. L'odeur âcre de ma transpiration se mêlait à celle, humide et agressive, de la poudre de ciment et de la limaille. J'avais eu l'impression, en sortant de la cafétéria, déçu et soulagé à la fois, de revenir à la réalité. Inexplicablement, je me sentis épaissi. Plus tard, dans la soirée, les jambes en compote et un goût de craie dans la bouche, je ne tenais plus debout, je me disais que tout était fini, pourtant je ne cessai d'arpenter la pièce en requin aveugle, j'étais dans la tête d'un requin marteau fou. Un bol de lait en poudre dans la main, j'allais d'un coin à l'autre de la pièce. Je me mis à ressentir le sentiment d'étrangeté et de désaveu éprouvé à se voir faire les choses sous un angle vaguement comique, risible en tout cas. Je m'assis enfin. Retour brusque à la réalité, je disais. Je quitte précipitamment la cafétéria, laissant derrière moi une addition impayée ; abordé dans un square désert par deux touristes américaines qui me demandent de les accompagner à leur hôtel. Fast Hôtel ou Formule 1, sur le bord d'une rocade, à la sortie de la ville. Immobile sous le globe de l'ampoule 40 watts, j'ai maintenant la certitude que se réalisaient les dernières lignes d'un plan tout tracé, lancé et accompli à mon insu. De mon état, naturellement je n'avais rien voulu dire à Lorraine, pas davantage je n'avais pu lui faire comprendre combien sa présence comptait pour moi, tandis que j'accomplissais désinvolte les finitions du dessin, par traits nerveux, serrés, tyranniques. Écrivant ceci, je réalise à quel point eût été pitoyable et inutile ma tentative de communiquer avec elle, de lui dire quoi que ce soit, la moindre phrase fût tombée comme une platitude impardonnable, un aveu d'échec lamentable. Il n'y avait pas d'issue à la scène, je veux dire qu'étaient condamnés par avance et incontestablement exclus les gestes de communication banale. Pourtant, je dus parler et comme il m'arrive souvent même être volubile, ridiculement, excessivement bavard. Du reste je n'étais plus du tout sûr qu'existait, assise en face de moi, Lorraine ; avec ça, le son de ma voix m'écœurait. Je m'étais laissé entraîner sur une pente d'éboulis, peut-être n'était-ce au fond que cela : une chute dans le monde des apparences, l'envasement et la solitude au milieu du monde. Ma vision depuis des mois n'enferme plus les objets dans leurs contours, les choses se mettent à vibrer, elles prolifèrent autour de moi, je ne les vois plus, je m'enfonce en elles, comme si je me laissais prendre par leur matière même. Mais cette maison, comment était-elle déjà ? J'identifiai sur le mur de l'entrée des graffitis tracés au marqueur indélébile, une inscription anonyme avec un numéro de téléphone pour une grosse queue. La difficulté de voir semblait décupler ma vision. Un contact sans épaisseur, direct et continu, m'était assuré par la lampe de poche, ce contact sans frottement avait pouvoir d'érosion. Pourquoi le spectacle de la maison en chantier, presque achevée, appelait-il en moi l'image de la maison délabrée, croulante? Sur le mur en attente de plâtre ou de quelque revêtement, j'entrevoyais les crevasses, les fissures, l'inéluctable progression de la moisissure et de la lèpre comme on la voit sur les façades des maisons en ruine tout couvrir. Bientôt, la toile émeri du plâtrier aplanirait et purifierait les surfaces, mais rien ne pouvait m'empêcher moi de me figurer le procès fulgurant de l'altération, du pourrissement, les dégâts impitoyables, les outrages du temps qui finiraient par corrompre les tapisseries à motif et les peintures laquées. Là sous mes pieds où l'on poserait bientôt un plancher ou un linoléum, je sentais l'humidité de la terre, avec ses relents de choses décomposées. Je pénétrai à l'intérieur d'une petite pièce, orientée plein nord, qui deviendrait sans doute, à en juger par les dimensions, chambre d'enfant, nursery, placard. Je pris une inspiration profonde, les yeux grands ouverts, ma main dirigeant le filet de lumière au hasard. J'avais les yeux grands ouverts et je crus voir une adolescente immobile sur le lit, les jambes sanglées dans une armature en fer, je vis un homme pénétrer dans la chambre toute tapissée de bleu, baisser les rideaux et s'avancer vers le lit, j'étais dans la chambre près du lit je me tenais debout et ma tête ne bougeait pas au-dessus de mes épaules et je voyais la femme à l'autre bout de la maison, je vis une femme dans une cuisine ensoleillée, je vis cette femme considérer attentivement son reflet dans l'écran d'une télévision éteinte, le temps ne comptait pas pour elle, elle était là depuis longtemps, elle ne bougeait presque pas, je la vis plus tard s'accroupir dans les w.-c. en gémissant de douleur, je vis l'homme au-dessus du lit, il était tout près de moi, j'entendais son souffle, je le vis remonter la robe de l'enfant sur ses cuisses, je vis la main de l'homme fouiller le sexe de l'adolescente paralysée, je vis l'homme répéter ma petite fille, ma petite fille, et je vis aussi la femme dans la cuisine ensoleillée arranger une de ses mèches, je vis un verre de lait sur la table, il y avait une paille dans le verre, j'entendais la respiration de l'homme, je voyais les yeux égarés de l'adolescente, j'entendis l'explosion d'applaudissements d'une émission de variétés, les yeux de l'adolescente qui fixaient le plafond, ses jambes prises dans l'armature en fer ne bougeaient pas, j'étais l'homme la branlant, j'étais lui, je le vis haleter de plus en plus vite, je m'appliquais à la branler depuis des heures, le son de ma voix m'écœurait, ma respiration s'accélérait, plus tard je vis l'homme frapper à coups redoublés et secs de son membre dans le creux de la femme allongée sur une table de salon, je vis le sourire illuminer le visage de la femme. Je lançai mon bras en arrière, par geste réflexe. J'entendis un craquement sec de branche brisée dehors. Je décollai mes yeux du mur et je sortis de la pièce. Je fis quelques pas dans le futur jardin, la pluie avait cessé, mon pied buta contre des cailloux. Je vis près de la bétonneuse jaune le tambour d'une machine à laver, parmi les nids épais des ronces. J'essayais de concentrer toute mon attention sur le dessin, évitant de croiser son regard pour parer aux questions qu'il me poserait (à la demande qu'il ferait pressante que je dise quelque chose) si mes yeux venaient à croiser les siens, j'aurais voulu, tout en continuant de dessiner, disparaître à sa vue ou l'aveugler. Pourquoi la figure de l'animal me paraissait-elle dès lors si insuffisante, impuissante, et pourquoi me fallait-il maintenant céder à l'invasion d'autres motifs ? Ce que je ressentais désormais devant la nappe blanche, ce n'était plus l'indétermination des figures, la difficulté à rendre un contour, la succession perpétuelle des repentirs, l'âpre et lent travail qui m'avait permis d'abord de ressusciter la carcasse, puis de l'intégrer à une géographie de hasard, mais l'empire que prenait sur moi la carcasse tirée de mon imagination. Un autre découragement s'emparait de moi, surgi de nulle part, qui me rendait comiquement étranger à la situation, car je n'étais plus en proie à la difficulté de rendre un effet, mais si décontenancé que les gestes que je déployais ne m'étaient plus rien ; non seulement ils ne m'étaient d'aucun secours dans ma tentative de garder près de moi Lorraine (dont je sentais le départ imminent, à certains mouvements d'impatience ou, pire, de déception qu'elle manifestait), mais ils n'avaient plus aucune valeur pour moi, je n'espérais plus qu'ils aboutissent à rien d'autre qu'à un dessin raté de plus, un brouillon, une épave. Je me sentis prisonnier dans les tôles d'un bateau fantôme, navire-usine à la couleur rouille, mangé par le sel, je me cognais contre les cloisons, aucun son ne sortait plus de ma tête, je me sentais étrangement calme, à la dérive. J'avais dessiné, sans le vouloir, quelque chose qui avait forme de maison, non pas l'habitation humaine ancrée à son lopin de terre, mais les murs d'une prison sauvage, laissée à l'abandon dans un paysage calciné, dévasté. La netteté avec laquelle elle s'imposait à mon esprit était inattendue : j'aperçus une très vieille bâtisse décrépite en effet, en décomposition elle aussi; comme la carcasse de l'animal elle paraissait avoir été évacuée, s'être épanchée de toute la matière vivante et nerveuse qui l'avait habitée jusqu'au jour – j'imagine un après-midi d'été à la chaleur étouffante, incandescente, léthargique – où, par une sorte de saignement ininterrompu, tout fut vidé d'un seul coup, meubles, vaisselle, garde-robe chargés et arrimés pêle-mêle sur un camion bâché, soulevant, une fois que tout fut emporté, une poussière rougeâtre sur son chemin. Autour de la bâtisse, j'avais déchargé au hasard une nouvelle salve de traits, rayures, biffures (brins d'herbes), usure de mine, gaspillage de papier, geste pur et nerveux par lequel j'essayais de parcourir-éliminer, supprimer les distances du Sahara qu'il y avait entre elle et moi depuis que nous étions là, assis l'un en face de l'autre, dans la lumière orangée de la cafétéria. Notre immobilité de statues me semblait la promesse d'un lien sûr, indéfectible, quand bien même il m'apparaissait illusoire – mais cette illusion me protégeait du temps à venir, des assauts saccadés de l'aiguille sur l'horloge murale. À mille lieues d'elle, je poursuivais mon dessin, aussi peu soucieux des proportions, de l'échelle, du réalisme qu'un astre errant de sa trajectoire. Je dessinais comme un aveugle, comme on racle une viande sur un os. Les mains de Lorraine au-dessus de la table, leur ombre sur la nappe en papier, leur vie indépendante (que je devinais) semblaient lutter contre une gêne envahissante. Ma main droite toujours dissimulée sous la table, celle d'un criminel honteux. Le moment était venu de fixer le sort de l'animal. Jouissant dans mon for intérieur de l'indétermination des figures, du chaos du lieu, essayant avec peine de rattraper la réalité à brefs coups de crayon de bois, par traits successifs et tremblés, rajouts, reprises, raccords imperceptibles, je m'efforçais de retarder ce moment. Comme attendre, avant de larder la figure à coups de canifs. Je m'arrêtais, levais mes yeux vers Lorraine, puis replongeais dans le dessin, alignant ces traits grossiers, et formant ainsi, à bâtons rompus, une clôture (qui pouvait être confondue avec une voie ferrée, mais qu'importe). Je ne sais pas pourquoi, dans le même temps, je couchais presque le crayon, je continuais à couvrir la nappe de traits brins d'herbe et croix-rapaces, tout en abaissant le crayon jusqu'à le faire tenir quasi à l'horizontale de la table, geste aberrant, puisqu'il m'empêchait presque d'inscrire quelque chose, laisser une trace, mais qui sauvait à mes yeux la mise en scène ; pour qu'elle fût parfaite, accomplie, il aurait fallu que ce crayon se mêle aux motifs dessinés, devienne matière même du dessin, il aurait fallu pour aller jusqu'au bout qu'il se désagrège dans la terre humide comme l'avait fait la chair du bovin, que cette terre l'absorbe et exerce sur lui aussi son lent travail de décomposition. Mais ce geste dérisoire, il me tenait à l'abri de faire réflexion, moi qui avais maintenant relâché toute étreinte (je sentais tout mon corps se détendre, comme s'il avait manqué à l'instant se rompre, éclater en mille morceaux ; chacun de mes membres recouvrait une autonomie pacifique, la circulation du sang reprenant son cours normal) et n'étais retenu à la table-nappe que par la force de l'impulsion du poignet, de l'articulation exténuée à force de crispation. Je sentais le calme me revenir, insidieusement, et à ce moment précis j'aurais juré que mon corps ne m'appartenait plus. Elle se lève, enfin. Dans cette chambre d'hôtel, la plus grande des deux se lève, me verse un autre verre de gin, et en même temps elle me dit son prénom que je répète après elle à la recherche de l'accent juste, puis celui de l'autre, je réitère, je leur dis alors le mien qu'elles répètent en chœur, tous trois nous sommes pris d'un fou rire, nous avions un nom pour affronter le monde, nous sommes baptisés on sait pourquoi maintenant, alors je me lève aussi, je me dirige vers la fenêtre : une voiture entre dans le parking et se gare doucement presque en face de la fenêtre, c'est une grosse cylindrée, un couple en sort, l'homme extrait du coffre du matériel vidéo, la femme attend en levant les yeux vers le ciel, elle est très jeune et a l'air déprimé (ou songeur ou exaspéré), elle sourit lorsque l'homme referme le coffre et lui adresse quelques mots, son sourire est indéfinissable, son sourire adressé à personne en particulier, la femme attend encore les yeux levés vers le ciel, les montagnes ou volcans devenus noirs s'estompent et la lumière n'est plus qu'une frêle dentelle rose en train de s'effilocher, s'éteindre doucement dans des lueurs faibles d'incendie. Par la fenêtre encore, je voyais au loin les phares des voitures sur la rocade brillante. Dans le jour finissant, ces voitures avaient l'air de glisser silencieusement sur une rampe de lancement, et j'enviais leurs conducteurs isolés dans les cockpits, me disant qu'on devait vivre de bons moments seul à bord de ces véhicules filant à toute allure dans la nuit, qu'on devait y ressentir une douce indifférence sans lendemain, avec devant soi la route éclaboussée par la lumière violente des pleins phares. Il y avait, j'y reviens, ce beau ciel, je peux évoquer les teintes de rose allongées, étirées langoureusement sur une ligne brève et plus dure de noir, tout à coup comme si les nuages chargés de pluie s'étaient résolus enfin juste avant la nuit à s'écarter et se déchirer pour ouvrir une brèche de lumière, laisser place à je ne sais quoi qui tend vers la lumière; c'est comme une rosace formée par une chaîne de volcans bruns immatériels découpés sur un plafond de brume pâle indiquant une région d'enfantillage et d'angoisse conjugués, résonnant de gazouillis d'oiseaux sur des branches perlées d'eau de pluie, comme des bras fins s'offrant à la mort. Chaque soir, j'aime saisir, entre chien et loup, l'image du ciel au moment de son extinction. Les nuits tombent, des épanchements de clarté saignent de loin en loin. Je médite le secret des crépuscules. L'écrire un jour, cette anthologie des ciels déclinants, j'y pense chaque fois qu'à une fenêtre je me poste. Je me retourne vers elles, elles me suggèrent d'un geste de m'asseoir. On se fait face, assis sur les lits, le verre à la main. Quelqu'un allume la télé. Je me concentre une minute sur les couleurs criardes qui jaillissent de l'écran, elles font pareil, on est là tous les trois à regarder la télé, et je pense au moment où les applaudissements reprennent à tous ces lieux froids anonymes et aseptisés où les télés résonnent à l'unisson, d'une chambre à l'autre c'est la même ritournelle, hôpitaux, asiles, où par les portes entrouvertes on a vue sur des corps immobiles et souffrants, les têtes des vieillards condamnés sur leurs lits même pas tournées vers les écrans (pas la force de lever ou tourner le visage, plus le corps pour obéir à la volonté, le corps déformé dans une position qui fait mal à voir), les télés dégueulent la laideur, pas la peine de regarder pour savoir ce qui se passe, question du présentateur fiche colorée entre le pouce et l'index, zoom sur le visage des participants, expression tendue, signes d'inquiétude, tics nerveux, la bonne réponse éructée, zoom sur le gagnant, volée d'applaudissements et rebelote, fiche au bout des doigts manucurés du présentateur vedette, et cætera, assis là sur les lits nous oublions qui nous sommes, l'étonnant dans tout cela, me dis-je, étant qu'on arrive toujours à faire illusion, se persuader qu'on est vivant. Chaque coup de crayon forait la réalité, la coupait, l'interrompait, à chaque trait, hachure, zébrure, c'est la région désert qui perçait, jaillissait sous mes doigts, un désert piqué d'herbes rases, tacheté de mousses rampantes, une steppe immobile. Je ne pus empêcher le tremblement de tout mon corps. J'espère secrètement qu'elle ne va pas bouger d'un millimètre sinon tout est fichu, s'écroule, c'en est fini. Pensant simplement : il sera toujours trop tard pour moi. Ainsi aurait pu commencer le récit. En tout cas, le secret tapi dans la nappe, au centre même de la carcasse décharnée, jadis ténèbre bourrée d'organes, j'étais prêt à le livrer. Mais pour que les mots sortissent de l'orifice buccal qui me faisait office de bouche, il eût fallu non seulement que je consente à ouvrir cet orifice à l'explosion du secret, mais que j'accepte encore sa définitive disparition. Je coupai court au récit qui aurait pu me délivrer.

La BMW bifurqua et prit par un chemin de terre, les flaques d'eau dans les ornières éclaboussèrent les ailes de la voiture qui avançait doucement. Des sapins longeaient le chemin presque rendu impraticable par la boue. À plusieurs reprises, le notaire eut la crainte de s'embourber ou de caler sur ce chemin d'ombre cahoteux, dont le sinistre était souligné tous les trois mètres par le tronc dénudé d'un haut sapin. La BMW pénétra enfin dans une cour de ferme qui au départ parut au notaire étroite et sombre, tant elle était encombrée de machines agricoles garées en vrac sur le béton. Sous un appentis, une bâche recouvrait on ne savait quoi. Tu restes là, je reviens, dit le notaire au chien en refermant précautionneusement la portière, et sitôt qu'il eut prononcé ces mots il les trouva ridicules, il se trouva lui-même absurde et risible, parler à ce chien comme à son chien, le notaire déchu encore ce matin n'aurait pu imaginer un signe plus flagrant de désaffection de soi, me voilà (se dit le notaire témoin et spectateur de son ridicule), comme on dit, au comble du ridicule, et certainement, se dit-il, que dans le genre on ne ferait pas mieux, voir le notaire se comporter comme n'importe quel propriétaire de chien, le notaire joue maintenant au petit maître et trouve à ce jeu quelque chose de plaisant, me voilà (se dit le notaire déchu qui assistait à la désaffection du notaire) pris en flagrant délit d'adresser la parole à un chien (comme s'il pouvait (le chien) m'entendre ou me comprendre), me voilà à deux doigts de faire partie du clan sénile des propriétaires canins, si je continue sur cette pente, qui sait? se demanda le notaire, mon corps bientôt sera peut-être surmonté par une tête de chien pas par une tête d'homme, si je continue comme cela, je vais penser (et me comporter) comme un propriétaire de chien, je ne vais plus penser du tout, je vais me mettre en état de ne plus penser à rien, de ne plus rien penser du tout, je ne serai dans le meilleur des cas qu'un chien stupide et atrabilaire, pire un chien philosophant, c'est-à-dire un chien qui ressemble à son maître. Des ombres silencieuses entourèrent alors le notaire, qui sentit sur les jambes de son pantalon le contact furtif et inquiétant des museaux. Les chiens n'aboyaient pas. En face, les volets de la maison (tous les volets sans exception) étaient fermés hermétiquement, pas une lumière ne filtrait à l'extérieur, si bien (comme le pensa immédiatement le notaire) qu'on ne pouvait s'empêcher de penser qu'il n'y avait personne derrière à l'intérieur, ou s'il y avait quelqu'un tout de même, on ne s'attendait pas à découvrir alors un homme, mais un revenant ou un fou échappé de l'asile. À les voir en tout cas, ces volets à la peinture écaillée, refermés sur la façade lépreuse, le notaire eut envie de rebrousser chemin, d'effacer de sa mémoire cette journée qui avait mal tourné. Le notaire se sentit brusquement déprimé en effet. Déjà rouler solitaire sur des routes départementales, il n'est pas difficile d'imaginer combien était désespérante l'entreprise dont le notaire s'était fait une vocation, lui qui avait l'habitude en route de se représenter chacun de ses actes sous l'angle (angle mort pour le commun des mortels) de la comédie; mais pour finir au milieu de cette cour sinistre, alors la vocation tournait à la comédie glauque et sapait le moral du notaire déchu qui assistait, témoin déprimé, à la déchéance du notaire. Surtout ces derniers kilomètres parcourus sous l'averse avaient éprouvé les nerfs du notaire, depuis le cabinet du vétérinaire où il rencontra la femme du vétérinaire jusqu'à la cour de ferme isolée où il se trouvait maintenant comme en captivité, ces kilomètres sous la pluie, le notaire les avait vécus comme une sanction. La femme du vétérinaire lui avait affirmé qu'il le rencontrerait (le vétérinaire), à tous les coups vous le rencontrerez, avait-elle dit, et certainement ces paroles insignifiantes n'avaient pas été de nature à rassurer le notaire, au contraire elles avaient réveillé l'angoisse du notaire, elle avait dit cela, cette femme qui lui avait immédiatement déplu, comme si l'avenir du notaire allait se décider dans cette rencontre du vétérinaire et comme si la vie même du notaire déchu dépendait de la rencontre décisive du vétérinaire. Le notaire déchu traversa la cour enfin, escorté par les ombres des chiens noirs qui l'abandonnèrent à mi-chemin et retournèrent vers la voiture il ne sait par quel signal alertés. Parvenu sur le seuil de la maison, le notaire ressentait un vif sentiment d'étrangeté, plus fort encore que celui qu'il avait ressenti sur la route qui le conduisait à travers le paysage inhabité. Sur quelques kilomètres, en effet, le notaire n'avait plus aperçu une seule habitation (ni ferme ni maison d'habitation, pas même une grange à l'abandon), d'où le notaire conclut simplement (en parcourant ces kilomètres sans apercevoir une seule habitation humaine) qu'il traversait un paysage vide ou un paysage vidé, le notaire se dit que le désert intérieur du notaire déchu avait fini par trouver son écho dans la réalité. Il était maintenant sur le point de pénétrer à l'intérieur de la ferme isolée dans laquelle il était venu requérir les compétences d'un vétérinaire, et maintenant qu'il se tenait sur le seuil de la maison, il semblait au notaire qu'on l'attendait lui, c'est lui, le notaire déchu en fuite sur les routes départementales du Maine-et-Loire, qui allait être requis pour une mission encore inconnue de lui. Un filet d'eau coulait d'une gouttière et produisait un son de fontaine. Il se retourna. La meute des chiens frémissante, toujours aussi silencieuse, tournait autour de la voiture, accomplissant sa ronde mécanique avec une lenteur funèbre. Il frappa de la main contre la porte, pas une réponse. Le notaire poussa la porte et entra, pensant : personne ne m'a entendu, mais il n'est pas douteux qu'à l'intérieur quelqu'un s'attend à me trouver, quelque chose me dit (se dit le notaire qui ne doutait pas que ses suppositions devinssent réalité) qu'on m'attend, ou qu'on attend quelqu'un, on ne m'y invite pas mais j'entre tout de même (sans qu'on m'y invite), je fournirai une explication valable, à mes yeux aucune raison ne sera valable, mais je trouverai bien le moyen de leur expliquer pourquoi je suis là, si nécessaire je mentirai, je fabriquerai un mensonge comme on en fabrique par centaines chaque jour, un de ces petits mensonges inoffensifs et insignifiants qui facilitent l'existence, par exemple prétendre qu'on m'envoie ici, oui, c'est cela, leur dire franchement (sans détour aucun) qu'on (sans préciser qui) m'a envoyé ici, sans préciser l'objet de ma visite, laisser entendre que je suis mandaté (un mensonge officiel vaut n'importe quelle vérité), je ne mentirai pas en disant cela, à vrai dire je n'ai entendu personne à la porte, j'ai cru qu'il n'y avait personne à l'intérieur, mais j'ai cru bon d'entrer malgré tout, voilà en guise de justification ce que je ne manquerai pas d'affirmer si on m'interroge là-dessus. Le notaire déchu franchit le seuil, il se retrouva dans un couloir plongé dans l'obscurité la plus totale. Quelques secondes, le notaire déchu demeura immobile dans le couloir, ne sachant ce qu'il attendait, se demandant encore s'il devait aller plus loin ou revenir sur ses pas, il est encore temps de retourner à la voiture, pensa-t-il, rien ne me force à rester sur place, je trouverai bien le moyen de retrouver mon chemin malgré la nuit. Il entendit au-dessus de sa tête un bruit de pas, le raclement d'une chaise sur un parquet, une conversation étouffée. Qu'est-ce qui m'arrive, se demanda-t-il, il ne pensa pas qu'est-ce qui se passe là-haut, mais il se demanda aussitôt qu'est-ce qui m'arrive, comme si ce qui se tramait à l'étage et se produirait désormais dans la maison ne concernait plus que lui, instinctivement il comprit que le vide s'était fait radicalement autour de lui, ce vide attendu depuis des années et recherché par lui était là tout à coup, et lorsqu'il entendit les voix au-dessus sa tête, des voix mêlées à des bruits de pas, il ne se dit pas autre chose que cela, on m'attendait, tout est très bien je monte à l'étage. Le notaire monta les escaliers à pas de loup, la crainte d'être entendu égale à celle de ne pas l'être, j'arrive, j'arrive, pensa-t-il, on doit m'attendre mais je ne dois effrayer personne. Dans une très grande chambre aux murs nus et meublée très simplement, le notaire surprit le tableau suivant : une femme d'une cinquantaine d'années était effondrée sur le corps d'un homme allongé dont on ne voyait pas la figure, mais dont on voyait les mains, qui étaient ridées, aux ongles carrés et larges ; près du lit, un homme d'une certaine corpulence, à la stature droite : le médecin, déduit immédiatement le notaire, appelé (supputa le notaire) par la pauvre femme à venir à la ferme le plus vite possible (le notaire imagine la pauvre femme criant au téléphone des phrases incohérentes et suppliant le médecin de courir à son secours, parvenant à lui expliquer et l'exhortant de se précipiter à la ferme ; le notaire vit cela) et arrivé trop tard, alors qu'il était trop tard et qu'il n'avait plus qu'à décrocher le corps pendu à une poutre de chêne, et sans doute avait-il tenté tout de même l'impossible, ranimer le pendu (car l'homme s'était pendu et il était mort), il avait demandé à la femme de s'éloigner, de se tenir à l'écart du lit sur lequel il avait déposé l'homme et il avait tenté de ranimer l'homme, mais cela il l'avait fait sans y croire, sachant ses efforts de toute manière vains, il le fit cependant pour la femme et maintenant que tout était fini et qu'il n'y avait plus rien à faire, il rangeait son matériel inutile. Le vétérinaire, le notaire se disait qu'il serait trop tard maintenant pour le trouver, il fallait renoncer à le rencontrer ce soir, il (le vétérinaire) lui avait filé entre les doigts comme on dit, et le notaire déchu, parti en quête d'un vétérinaire (je ne sais même plus pourquoi je suis là, se dit le notaire) réalisait après tous ces kilomètres que la journée avait vraiment mal tourné. La femme se retourna au son des pas du notaire qui s'était introduit dans la chambre, elle l'invita à s'avancer près du lit d'un geste évasif de la main et elle lui dit simplement, sans laisser paraître la moindre marque d'étonnement ou de réprobation : qui vous êtes, je ne le sais pas, ce que vous venez chercher ici, cela non plus je ne le sais pas, oui vous m'êtes parfaitement inconnu, mais maintenant que vous êtes ici, vous allez pouvoir m'écouter, écouter mon histoire, soyez je vous en prie attentif à mon histoire. Et elle s'interrompit un long moment. Cependant que la fermière prononçait ces mots dont le notaire ne comprenait pas encore le sens, le médecin, puisqu'il s'agissait d'un médecin et probablement même du médecin de famille, pas venu là pour une visite de routine mais pour décrocher un mort, décrocher un pendu et constater qu'il est mort, ce médecin n'accorda pas un seul regard au notaire déchu (le notaire nota aussitôt l'indifférence du médecin et aussitôt il en fut contrarié). Le médecin venu là pour décrocher le pendu paraissait parfaitement étranger à la scène entre la femme et le notaire qui n'avait encore rien dit et ne comprenait pas encore ce que la femme du pendu attendait de lui. Ma présence n'étonne personne vraisemblablement, songea le notaire avec quelque amertume, il n'y a que moi pour m'étonner de me trouver ici, il se pourrait bien que ma capacité d'étonnement trouve ici ses limites. Peut-être ont-ils déjà quelque idée de l'objet de ma visite, observa-t-il du reste ; il se peut après tout que la femme du vétérinaire m'ait annoncé au téléphone, qu'elle ait fourni sur mon compte un certain nombre d'informations, ce genre de femme doit être pendu au téléphone des heures entières, à ce que j'imagine, se dit encore le notaire, cette femme doit passer la journée à attendre son mari et en l'attendant, elle doit s'inventer toutes sortes d'histoires, des histoires qu'elle rapporte au téléphone. Le notaire déchu ne disait toujours rien, il se trouvait là dans une situation délicate, il lui fallait maintenant reconsidérer le problème d'un tout autre point de vue. À peine m'ont-ils remarqué, ni la femme dont le mari est mort pendu ni le médecin ne paraissent s'inquiéter de ma présence, ils n'ont pas bougé, ils se comportent comme s'ils m'attendaient, comme si j'étais la pièce manquante du puzzle, songea le notaire que cette pensée effrayait, cela n'avait rien de rassurant de se sentir attendu dans cette chambre, d'être celui qu'on attend. Le médecin était occupé à ranger des instruments, parmi lesquels une seringue que le notaire remarqua tout de suite, dans une sacoche noire posée sur le bord du lit, et le notaire, tandis que le médecin rangeait son matériel médical, ne vit pas son visage, il vit seulement les mains du médecin au-dessus de la sacoche. Le médecin se tourna vers la femme, lui demanda avec une certaine brusquerie où il pouvait trouver un téléphone. Dans le couloir, répondit-elle, d'une voix claire et détachée, le téléphone se trouve dans le couloir au pied de l'escalier. La démarche du médecin était raide. Le notaire trouva l'ensemble, l'économie de paroles du médecin, son calme apparent, son impeccable indifférence à l'égard du notaire, l'assurance qui bordait chacun de ses gestes rares, suspect. Ce médecin n'a aucune compassion, se mit à penser le notaire déchu (sombre et déprimé), il est comme tous les médecins, il est venu constater qu'il est trop tard, qu'il n'y a plus rien à faire, plus rien d'efficace, que les seuls gestes requis sont ceux de la défaite ou de la démission devant la mort. Et ces gestes-là sont sans surprise, pensa le notaire, ils sont accomplis professionnellement et sans bavure, ils sont accomplis du bon côté, ces gestes sont accomplis du côté de la vie. Les médecins n'acceptent pas la mort, ils la combattent, se prit à penser le notaire, ils n'ont rien compris du tout à la mort, aussi longtemps qu'ils la combattront comme ils la combattent, ils n'obtiendront rien du tout, ils n'arriveront qu'à reproduire inlassablement les gestes de la démission devant la mort. Et les médecins n'éprouvent visiblement aucune compassion à l'égard de leurs patients, ils se moquent superbement des patients, les maux des patients leur sont totalement indifférents, les médecins sont au service de la vie et ils n'ont d'autre choix, pour servir la vie comme ils veulent la servir, ils doivent mépriser leurs patients. Les médecins auxiliaires de la vie se prennent à rêver souvent que la mort devant leurs gestes recule, souvent ils se croient capables de rendre la vie possible et supportable (alors qu'elle est impossible et insupportable), et ils ont cette incroyable prétention en effet, rendre la vie possible et peut-être supportable, leur sacerdoce (leur manie) est le service qu'ils rendent (ou croient rendre) à la vie (à laquelle ils ne comprennent rien du tout, rien du tout), ils ne peuvent faire autrement, ils se sacrifient, sacrifient leur propre vie au nom de la vie de leurs patients qu'ils méprisent. Comment peut-on accomplir ces gestes avec autant de froideur, comment peut-on rester froid comme il est devant le pauvre homme mort, se demande le notaire, si ce n'est en se sachant du bon côté, du côté de la vie ? L'ennui avec les pendus, c'est qu'ils nous mettent devant le fait accompli, on ne le leur pardonne pas (comment pourrait-on le leur pardonner du reste ?), les médecins surtout le leur reprochent (et ils mettent les familles dans leur propre camp pour le leur reprocher, ils savent que les familles sont de leur côté, la cause est acquise d'avance, ils savent que les vivants sont du côté de la vie), ils n'ont pas le choix, les médecins (qui sont les auxiliaires de la vie) ont le devoir de lutter contre le fait accompli (contre la mort), les médecins détestent les pendus (et ils ne peuvent faire autrement), ils détestent avoir à décrocher les pendus et affronter la douleur des femmes des hommes qui finissent au bout d'une corde, ils ne peuvent, en décrochant les hommes morts, qu'éprouver une haine profonde pour ceux qu'ils décrochent et plus encore ils haïssent les veuves de fraîche date des pendus qui sont témoins de leur impuissance de médecin. Le médecin ne peut rien faire d'autre que décrocher le pendu et quelles que soient les précautions d'usage qu'il prend pour accomplir la tâche, il n'est d'aucun secours pour personne. Il faut être fou pour garder un tel sang-froid, pensa le notaire déchu qui cherchait à se venger mentalement de l'indifférence que le médecin avait manifestée à son égard. Je pourrais être moi-même le pendu, pensa le notaire, j'aurais pu être cet homme qu'on vient de décrocher, qu'il ne m'aurait pas autant méprisé. Ce médecin, il a dû songer plus d'une fois à se pendre, on ne peut être autant dépourvu de compassion sans songer à sa propre mort, la mort des autres (de ceux qu'on décroche), j'imagine que le médecin l'envie pour lui-même plus d'une fois par jour, l'idée de finir au bout d'une corde a dû le tenter un grand nombre de fois ; il n'aurait plus alors à décrocher les autres pendus, devait-il penser, pensa le notaire avec une joie mauvaise, il n'aurait plus à annoncer aux veuves de fraîche date des hommes pendus qui ne voulaient pas croire que leur mari était bel et bien mort, qu'il ne s'était pas raté, qu'il n'y avait plus rien à faire, il n'aurait plus à jouer la comédie du décrocheur de pendus. Lui attribuer ce genre de pensées, au médecin (et ces envies morbides de finir au bout d'une corde), ça le dédommageait, le notaire, il se vengeait bien du silence du médecin qui l'avait ignoré parfaitement depuis le début en lui prêtant le destin de médecin déchu. Mais le notaire ne se faisait pas d'illusions, il savait bien au fond que le médecin n'était pas un mauvais homme, qu'il avait dû faire tout ce qui lui était humainement possible pour rendre la vie au pauvre fermier. On ne peut pas demander aux médecins de s'apitoyer, le métier de médecin n'est sûrement pas ce que l'on croit, pensa le notaire. Moi-même qui ne suis pas médecin, je n'éprouve plus aucune compassion pour personne, alors comment un médecin qui est devenu spécialiste dans l'art de décrocher les morts (en s'efforçant de leur conserver une attitude présentable, en évitant pendant l'opération du décrochage de les manipuler comme des marionnettes désarticulées, imaginait le notaire) pourrait-il encore éprouver quelque compassion ? Le médecin passa devant lui sans esquisser un seul geste dans sa direction (il continue à m'ignorer, se dit le notaire qui ne pouvait plus contenir son irritation), de sorte que le notaire n'était plus sûr de sa propre réalité dans la chambre. Suis-je au moins perceptible ? se demanda-t-il avec stupeur. Vais-je devoir encore longtemps jouer la comédie, se demanda-t-il, combien de temps vais-je encore devoir soutenir ce rôle infâme ? Ou bien il ne m'a pas vu, calcula-t-il, et c'est qu'il est sous le choc (mais pour quelle raison le serait-il, s'il est habitué comme je le pense à décrocher les pendus), ou bien il m'a vu et ne veut pas le montrer (et il me donne ainsi la preuve éclatante qu'il joue la comédie, lui aussi). La raison de sa présence ici revint enfin à l'esprit du notaire. J'aurais dû lui parler du chien, se prit-il alors à penser. Je n'aurais jamais dû le laisser filer en bas sans rien dire, maintenant il est bel et bien trop tard pour entreprendre quoi que ce soit en ce sens, parler du chien au médecin, il aurait fallu le faire sans détour et dès le début. Après tout un médecin qui s'y entend dans la façon de décrocher les morts doit s'y connaître un peu aussi dans le rayon des chiens écrasés. Et aussitôt il se corrigea, il s'en voulut de cette pensée venimeuse, vraiment il y a trop de ressentiment en moi, se dit le notaire, et il corrigea : non, lui en parler maintenant serait déplacé, déplacé et grotesque. Un homme qui vient de décrocher un pendu n'attend pas qu'un inconnu vienne lui parler de son chien, d'un chien qui n'est même pas le sien, que ce chien soit simplement blessé ou même mortellement blessé ne justifie pas qu'on interrompe un médecin dans l'exercice de ses fonctions. Il n'y avait rien à faire, il était présentement impossible (humainement impossible) d'aborder la question (du chien) avec le médecin. Et puis, que pourrait bien faire un médecin pour un chien, que peut le médecin de campagne pour la patte cassée du chien, pour les côtes brisées du chien, pour l'abdomen crevé du chien, que peut le médecin de campagne ? Il faut attendre le moment propice. Pas maintenant, c'est trop tôt (pour lui parler du chien ou de quoi que ce soit d'autre, du reste, le médecin est occupé), jugea le notaire ; ce n'est pas le moment, un point c'est tout ; pas dans cette chambre, pas pour le moment, il va falloir attendre, il faut attendre, attendre encore. Mais attendre quoi et combien de temps encore ? ne put s'empêcher de lancer le notaire au comble de l'irritation. Je dois tout de même m'adresser à lui, je ne peux plus faire demi-tour, je n'ai pas fait tous ces kilomètres en vain, avança le notaire, mais aussitôt l'argument lui parut faible. Il reprit : je dois lui adresser la parole, quelques mots suffiront, peu importe ce que je dirai, ces premiers mots établiront le contact. Le médecin, au pied de l'escalier, avait obtenu son interlocuteur et il s'exprimait maintenant d'une voix grave et déterminée, une voix professionnelle.

Ce médecin a bien les manières et la voix d'un médecin, il ne s'exprime et ne se comporte pas autrement qu'un médecin (jugea le notaire). Avec quelle facilité, avec quelle assurance effrontée nous concordons avec la profession que nous exerçons ! Comme il faut peu de chose pour que nous renoncions à nous-mêmes ! Cet homme-là eût été boucher qu'il ne se serait pas exprimé autrement qu'un boucher, ne se serait pas conduit autrement qu'un boucher ; sa tête, sa tête même (et sa voix), eût été celle d'un boucher et certainement pas celle d'un médecin converti en boucher, il n'y aurait pas eu en lui l'ombre d'un médecin contrarié ou avorté, et que le hasard aurait fait boucher ; il n'y aurait eu en lui, en tout et pour tout, qu'un boucher satisfait de lui-même, un bon boucher. Comme il existe de bons fonctionnaires, il existe de bons bouchers, la chose est entendue. Moi-même, concéda le notaire, je m'exprime et me conduis à la manière notariale ; ma voix n'est pas la mienne, elle est celle du notaire que je suis (voix du notaire déchu) ; mes gestes ne sont pas les miens, au fond ils ne m'appartiennent pas, les gestes d'un homme n'appartiennent à personne et ils ne s'adressent à personne, ils ne servent à rien, tous ces gestes sont parfaitement inutiles. La vie comme agitation et pantomime, voilà (pensa le notaire) en résumé la comédie de la vie, une administration réglée de gestes professionnellement accomplis et dépourvus de toute signification. Le notaire, dont l'irritation grandissait, se concentra sur la conversation. Le médecin demanda au téléphone le docteur untel, pouvez-vous dire au docteur untel de venir ici aussitôt qu'il le pourra, dit-il. Sans doute le médecin s'adresse-t-il à quelque secrétaire médicale, remarqua le notaire, mais pourquoi donc demande-t-il à cette secrétaire de diligenter le docteur untel ? Le notaire comprit brusquement, le notaire comprit et il crut vaciller pour de bon : le médecin, ou plutôt cet homme qui avait la voix et les manières d'un médecin, n'était pas le médecin, en réalité il était le vétérinaire qu'il (le notaire déchu) cherchait. Il l'avait presque oublié (le vétérinaire), la pensée du chien avait presque disparu du cerveau du notaire, elle ne préoccupait plus guère le notaire qui avait presque tout oublié de la journée. Les apparences m'ont trompé, pensa-t-il, une fois de plus les sens m'ont égaré. Sa femme (la femme du vétérinaire) ne m'a-t-elle pas assuré que je le trouverais sur place, qu'il ne pouvait être ailleurs, cette femme irritante et immédiatement détestée par moi n'a pu me mentir, en réalité elle m'a parfaitement renseigné. Tout était irritant en cette femme et tout était vrai, incontestablement. En bas, le vétérinaire démasqué (qu'il avait pris dans sa précipitation pour un médecin) expliquait les circonstances du drame. Drame n'était pas le mot qu'il avait employé, il est vrai, mais il raconta en détail les circonstances de la mort du fermier qui avait mis fin à ses jours. Il précisait (le vétérinaire démasqué) que l'homme était bien mort, qu'il n'y avait plus rien à faire. Le notaire se concentrait sur les mots prononcés par le vétérinaire comme pour vérifier à l'intonation de celui qui les prononçait qu'ils étaient bien ceux d'un vétérinaire. Ma requête au sujet du chien n'est plus si déplacée, pensa-t-il alors, il n'y a plus rien de choquant, maintenant que je sais qu'il est vétérinaire (et pas médecin), à ce que je convoque ses compétences de vétérinaire. Je dois d'abord lui fournir mes plus plates excuses, pensa le notaire ; il ne comprendra pas, naturellement il ne m'a pas entendu, peut-être n'a-t-il pas remarqué ma défiance à son égard, mais je dois tout de même m'excuser auprès de lui, m'excuser en bonne et due forme et lui expliquer le quiproquo. Je vous ai pris pour le médecin, j'ai cru en vous voyant auprès de cette femme qu'elle vous avait appelé en urgence pour sauver son pauvre mari (réfléchir à l'expression adéquate). Je vous ai, pardonnez le malentendu (cela pourrait se dire ainsi), confondu avec le médecin, jusqu'au dernier moment j'ai cru que vous étiez le médecin, le médecin qu'on convoque dans ces cas-là, quand tout est trop tard. Pour tout vous dire, votre femme m'a envoyé là (observer sa réaction, car il pourrait interpréter mal l'information, se dit le notaire) : pourquoi tout lui dire, est-il besoin de tout dire au vétérinaire ? Il pourrait deviner mon irritation. Je dois aller directement au cœur du problème, le plus rapidement et le plus ouvertement possible : on s'attend toujours, lui dirai-je, à croiser un médecin de famille dans les maisons de pendus, j'imagine que c'est toujours d'abord vers le médecin de famille que l'on se tourne dans ces tragédies. On doit se figurer, quelqu'un doit se figurer dans chaque famille où il y a un pendu que le médecin de famille peut encore quelque chose pour le pendu (dont serait incapable un autre médecin), qu'il est habilité plus qu'aucun autre médecin à secourir l'homme trouvé pendu. On consulte les médecins de famille pour les broutilles et pour les suicides, tout ce qu'on demande au médecin de famille c'est finalement de se prononcer sur les vétilles et sur les suicides, rien ne leur est demandé au sujet des maladies véritables, là-dessus on préfère fermer les yeux, on n'attend certainement pas du médecin de famille qu'il vienne diagnostiquer un cancer du foie ou du poumon, on attend qu'il vienne soigner nos rhumes et nos grippes, qu'il prononce au sujet de ces vétilles inoffensives quelques mots, nous prescrive quelques médicaments inutiles, quant au reste (cancer du foie ou du poumon ou de l'utérus), on trouve plus propice de ne rien savoir, le plus longtemps possible on trouve plus favorable de s'aveugler, ne rien savoir nous satisfait, on trouve plus confortable de ne rien savoir, le plus longtemps possible. Je commencerai par lui tenir ces propos en guise de préambule, pensa le notaire, pour lui marquer ma compréhension et mon estime, et je lui dirai tout le bien que je pense des médecins de famille. J'inventerai, si besoin est, quelque anecdote au sujet des médecins de campagne, l'idéal serait que je trouve quelque chose au sujet des médecins de famille qui exercent à la campagne. Il va falloir que je me trouve à l'écart de cette pauvre femme, que je trouve le moyen de me mettre à l'écart et de parler en aparté au médecin. Il m'est impossible de rien dire en sa présence, surtout rien qui touche à la mort du pauvre fermier. Après seulement, une fois seulement que j'aurai trouvé l'occasion de lui parler à l'écart, dans quelque pièce contiguë à la chambre, je pourrai lui toucher deux mots au sujet du chien. Dès maintenant, pensa le notaire, je dois réfléchir au moyen de parler au vétérinaire du chien, trouver une bonne formule, après tout cela n'est plus très facile maintenant. Et il pensa à la meute silencieuse des chiens renifleurs dans la cour. Si je parle cependant, se dit le notaire, si je prononce une parole, ma voix va me paraître aigrelette, écœurante, et je ne dirai plus rien du tout (tellement la voix du notaire va me paraître dérisoire, j'aurai honte de m'entendre, quoi que je dise). Le notaire déchu ne se souvient plus précisément du moment où la femme se remit à parler (d'abord il crut qu'elle demandait qu'on lui apporte un verre d'eau), il se souvient seulement de l'impression d'étrangeté à entendre les syllabes d'un nom de famille à consonance germanique. Le notaire fut tenté de faire un pas hors de la pièce, il aurait voulu tousser s'il l'avait pu ou faire quelque signe dans le couloir. La femme ne lui demandait pas un verre d'eau, elle se présentait à lui, elle se nommait devant lui et les syllabes qui composaient son nom étaient germaniques. Tout parut alors au notaire, jusqu'à la manière dont il se tenait lui-même dans la chambre, affaissé, la tête penchée, les mains sur son ventre, les doigts des mains refermés sur la bordure en feutre d'un chapeau inexistant, tout cela lui parut renfermer une nécessité inexorable. La comédie s'arrête là, pensa-t-il. Il aurait voulu jeter un œil dans le couloir, faire un pas hors de la chambre et entendre le son de sa propre voix, en toussant, par exemple. Il se rappela que la femme qui s'adressait à lui voisinait les cinquante ans et il se surprit à réciter mentalement sa propre date de naissance. S'il s'était exprimé à voix haute, il se serait efforcé de parler posément, en détachant chaque syllabe pour être sûr d'être entendu. La clarté doit imprégner chacun de nos gestes, se dit-il, cette clarté dût-elle passer pour ridicule ou superflue. Au son de la voix de madame Goldschmidt ou Goldberg (il ne sait plus), le notaire sursauta. Madame Goldschmidt (ou madame Goldberg) s'était redressée, elle tenait dans ses deux mains qui l'enveloppaient pour lui garder sa chaleur la main inerte de son mari et elle fixa le notaire déchu. Ses yeux ne regardaient pas vraiment le notaire, mais un point qui était derrière lui. Le notaire gardait une froideur qu'il se serait reprochée en d'autres circonstances, s'il n'avait pressenti que la pauvre femme ne désirait pas autre chose (oui le notaire au moins était sûr de cela, la fermière n'attendait aucune compassion de sa part). Je m'appelle madame Goldschmidt (ou madame Goldberg) et je vous prends à témoin, cher monsieur, vous serez le témoin, je ne sais ce qui vous amène à nous, ce qui vous a amené ici, mais une chose que je sais de façon certaine, c'est que vous devez m'entendre et m'écouter jusqu'au bout, écouter jusqu'à son dernier mot mon histoire. Le notaire garda un silence réservé. Nous sommes venus ici (mon mari et moi, dit la femme) il y a plus de trente ans, oui plus de trente ans, nous nous sommes installés ici, nous nous sommes dit aussitôt que nous passerions notre vie ici. Comme nous nous le sommes dit immédiatement après être arrivés, nous sommes restés sur place, depuis trente ans nous n'avons plus bougé d'ici, nous sommes littéralement restés fixés ici, et comme l'avait du reste prédit mon mari la première fois où nous vîmes la ferme, cette ferme est bel et bien devenue notre unique lieu d'existence. Nous n'avons pas bougé d'ici et tout est fini maintenant, il n'y a plus rien à faire ici, rien n'est à attendre. Il n'y a plus rien à faire, je pense cela maintenant, exactement comme a dû le penser mon mari, je le pense à la suite de mon mari, maintenant qu'il n'est plus là. Je le suis par la pensée, dit la femme au notaire (qui ne comprit pas d'abord la pensée de la femme), maintenant qu'il est mort je pense exactement comme il a pensé de son vivant, voilà que, maintenant qu'il est mort, je vois (et je pense, répéta la femme du fermier pendu) comme il a vu et pensé de son vivant. Je l'ai dit (dit la fermière au notaire), nous sommes arrivés à la ferme, nous n'avions pas un sou en poche, comme on dit, et la ferme était délabrée, à l'état de ruine. Nous allons nous installer ici, affirma mon mari, il l'affirma sur un ton cassant, un ton qui n'attendait pas de réponse. Nous n'avions pas encore visité la ferme qu'à la seule vue de cette ferme (qui était en triste état) mon mari ne trouva qu'une seule chose à dire : c'est ici que nous vivrons et travaillerons, il s'exprima exactement comme cela. À vrai dire, la pensée de vivre ici a dû s'imposer à lui brusquement et définitivement, car depuis le jour où nous sommes arrivés ici il ne s'est plus exprimé que de manière autoritaire et tranchée. Dès notre première visite à la ferme, mon mari ne douta plus de rien, reconnut la fermière. Quant à moi, dit la fermière, je n'ai jamais cessé de douter, bien avant de venir à la ferme je doutais déjà, je doutais de tout, rien n'a jamais été sûr pour moi. Je ne savais pas ce que mon mari pensait au moment où il affirmait cela, je ne savais pas davantage ce qui avait déterminé mon mari à penser que nous pourrions passer le reste de nos jours dans cette ferme sinistre, mais dans la manière tranchée (et inaccoutumée) avec laquelle il exprima sa volonté de vivre et travailler avec moi ici, j'entendis qu'il n'y avait pas de réplique possible ; de cela je ne pouvais pas douter. Il n'avait pas encore visité les bâtiments de la ferme qui était très vaste, il n'avait pas encore estimé à combien nous reviendraient les travaux de réfection, quel prix nous coûteraient, d'abord la remise en état, ensuite l'entretien de la ferme (et de ses dépendances), il n'avait encore rien fait de cela et pourtant le premier mot de mon mari en arrivant ici fut : c'est ici que nous vivrons et travaillerons ; et moi je ne doutais pas de sa détermination. Dès le premier regard, cette ferme me parut sinistre, épouvantablement sinistre. Il pleuvait, ce jour-là (le jour de notre première visite) la pluie n'a cessé de tomber, il était impossible d'échapper à la pluie (qui envahissait tout). Dès le premier regard, je compris aux côtés de mon mari (qui sans doute avait déjà pris sa décision) que la vie me serait impossible dans cette ferme, que chaque jour passé dans cette ferme serait un véritable enfer, cela au fond je n'en doutais pas un seul instant. À la vue de cette ferme (et de ses dépendances) qui était en triste état, je compris (je ne sais pourquoi) que ma vie ne serait pas heureuse, qu'ici je vivrais une vie sinistre. Il y a plus de trente ans de cela, la ferme (et ses dépendances) était totalement en ruine, plus rien ne tenait debout dans cette ferme à l'abandon, tout était tordu, abîmé ou bousillé. Les machines agricoles, nous les avons trouvées au milieu de la cour, dans un état lamentable, dans le même état d'abandon où elles sont maintenant. Les machines sont irrécupérables, jugea mon mari après les avoir inspectées rapidement (et il n'avait pas tort, elles étaient tout juste bonnes à vendre à la casse en pièces détachées), nous en achèterons de neuves et performantes. Et il se désintéressa des machines qui étaient dans la cour, il ne dit plus jamais rien à propos de ces machines. Il nous fallut des heures pour visiter tous les bâtiments de la ferme. Le premier jour, les visiter tous, les bâtiments de la ferme, fut impossible. La pluie nous découragea de visiter la ferme dans sa totalité, cette pluie empêcha de procéder à une visite normale de la ferme (et de ses nombreuses dépendances), il plut tellement ce jour-là que nous avons repoussé le moment d'une visite plus fouillée des lieux, en réalité nous sommes devenus propriétaires de la ferme sans l'avoir visitée vraiment, sans avoir fait, comme il se doit avant de devenir propriétaire, le tour des lieux. Il était inutile, selon mon mari, de perdre du temps à commencer la visite des bâtiments, car dès le premier regard il avait pris la décision d'acheter la ferme. Et même si nous avions entrepris de la visiter ce premier jour, dit-il plus tard, nous n'aurions jamais eu le temps de tout visiter en une seule journée, pour en faire le tour il nous aurait fallu disposer d'une semaine au moins. Le résultat fut en tout cas que lorsque nous sommes retournés à la ferme (une fois que nous en étions devenus effectivement propriétaires), nous ne connaissions à peu près rien de cette ferme dans laquelle nous allions vivre et travailler plus de trente ans. Nous n'avons pas même essayé de baisser le prix de vente. J'avais demandé à mon mari de faire baisser le prix de vente de la ferme (et de ses dépendances), d'obtenir de l'agent immobilier une remise sur l'achat de la ferme qui était vraiment dans un triste état. Nous pouvons essayer d'obtenir une offre plus avantageuse, lui avais-je dit et répété avec insistance, nous sommes dans notre droit en lui demandant cela, tu peux toujours essayer, lui avais-je répété un grand nombre de fois. Le prix de vente de la ferme (et de ses nombreuses dépendances) était élevé en effet, il dépassait nos moyens qui à l'époque étaient dérisoires. Nous allons nous ruiner, pensais-je en moi-même, si nous achetons la ferme (avec ses dépendances) au prix qui nous en est demandé. Mais mon mari se refusa le lendemain (où nous avons signé le contrat de vente par lequel nous sommes devenus effectivement propriétaires de la ferme) d'obtenir de l'agent immobilier une offre plus avantageuse. Je ne veux pas traiter avec les agents immobiliers, je ne veux pas marchander, me répondit d'abord mon mari, et il poursuivit en me disant qu'il ne voulait surtout pas d'une ferme achetée au rabais. Je ne veux pas d'une ferme au rabais, voilà tout ce qu'il me fournit en guise d'explication. Que nous en fussions en quelque sorte les propriétaires attitrés (avant même de l'avoir achetée) dans l'esprit de mon mari, cela ne faisait pas l'ombre du moindre doute dans son esprit, mais cela n'empêchait pas non plus que nous devions l'acquérir au prix de vente qui était proposé, là-dessus il n'y avait pas matière à discussion (dans l'esprit de mon mari). Il n'est pas douteux que dans l'esprit de mon mari nous ne pouvions devenir les propriétaires légitimes de la ferme sans quelque sacrifice ; c'est ainsi que la ferme fut achetée par nous au prix proposé par l'agent immobilier. Arrivés à la ferme, nous avons entrepris la visite des bâtiments, enfin nous avions décidé de faire le tour des lieux et enfin nous avons commencé la visite de la ferme. Cela ne fut pas chose facile d'en faire le tour (de la ferme et de ses nombreuses dépendances), à vrai dire, depuis trente ans que nous y habitons, je ne suis pas sûre que nous sommes jamais parvenus à en faire le tour vraiment, de fait jamais nous n'avons pu en inspecter tous les recoins, jamais nous n'avons pu faire le tour complet de notre propriété. Voyez-vous ça, dit la fermière au notaire, la ferme nous est toujours demeurée (d'une certaine manière, précisa la fermière) inaccessible, d'une certaine manière (poursuivit-elle) nous n'avons jamais pu en avoir une perception adéquate, approfondie (précisa-t-elle à l'intention du notaire). Dans les bâtiments, du moins dans la plupart des bâtiments constituant la ferme, nous avons découvert toute sortes de choses encombrantes et inutilisables. Nous avons trouvé de vieux meubles abîmés, des outils hors d'usage, des antiquités, toutes sortes d'objets inutiles, tous plus laids les uns que les autres. Jamais nous n'aurions pu imaginer qu'ils pouvaient contenir tant de choses inutiles et cassées, les bâtiments que nous visitâmes, un à un, pendant des jours. Je me disais en les visitant (les bâtiments de la ferme) aux côtés de mon mari (qui ne disait rien) que nous n'étions finalement parvenus qu'à devenir propriétaires de vieux meubles cassés, d'antiquités toutes plus immondes les unes que les autres. Nous ne pouvons tout de même pas garder tous ces meubles, avons-nous pensé aussitôt. À moi comme à mon mari, l'idée répugnait de conserver tous ces meubles qui ne nous appartenaient pas. Ces meubles, pensais-je, ne sont pas notre propriété, nous n'allons tout de même pas récupérer ces meubles qui ne sont pas les nôtres, nous ne les utiliserons pas davantage (nous asseoir sur ces vieilles chaises, ranger la vaisselle ébréchée dans les buffets, manger, rédiger notre courrier sur ces tables au bois rongé par les vers, non, jamais, pensais-je). Parmi les centaines de meubles que nous avons découverts dans la ferme et ses dépendances, il devait bien y avoir quelques meubles récupérables (je l'imaginais), peut-être même s'en trouvait-il de valeur (qui sait, pensais-je, nous sommes peut-être propriétaires de meubles anciens d'une valeur inestimable et nous ne le savons pas), mais je ne sais pourquoi rien ne m'aurait décidée à en conserver un seul. Je pensais (et mon mari m'approuvait sur ce point complètement, il ne voulait pas non plus conserver un seul de ces meubles) que nous n'avions pas le droit d'utiliser ces meubles ; ces meubles, nous n'en deviendrons jamais les propriétaires légitimes, car nous avons acheté la ferme qui les contient, mais pas ces meubles qui y sont contenus (depuis des années). J'essayais parfois de m'imaginer à qui avaient pu appartenir tous ces meubles, et à cette seule pensée j'étais prise de vertige et de nausée. À la pensée de ces centaines de meubles et d'objets qui avaient appartenu à d'autres qui avaient habité là avant nous (dont ni moi ni mon mari ne pouvions rien savoir) et qui avaient été abandonnés, j'éprouvais une sensation de vertige écœurant. Nous nous sommes résolus finalement, à vrai dire la décision fut rapide, à nous débarrasser de tous ces meubles et nous avons dû tout (ces centaines de meubles et d'objets cassés) sortir et entreposer ces centaines de meubles que nous sortions dans la cour de la ferme. Nous avons vidé tous les bâtiments et nous avons tout empilé au milieu de la cour. Pendant deux semaines au moins (il ne nous a pas fallu moins de deux semaines en effet), nous avons visité presque tous les bâtiments, fouillé les moindres recoins dans ces bâtiments sombres, nous en avons tout sorti (de ces bâtiments où il n'y avait pas d'électricité). Les meubles, nous les avons tous sortis des bâtiments et nous les avons accumulés devant la maison d'habitation, en attendant (dit mon mari) de les porter à la décharge. Nous les emporterons tous à la fois, dit mon mari (au sujet des meubles et des objets entreposés dans la cour au milieu des machines agricoles), nous n'allons pas multiplier les trajets inutilement, nous nous débarrasserons des meubles d'un seul coup et définitivement, dit-il. Mon mari tenait absolument à emporter tous les meubles en une seule fois à la décharge, c'est pourquoi nous avons durant deux semaines entreposé tous ces meubles dans la cour. Je ne désapprouvais pas mon mari qui pendant deux semaines n'eut de cesse de fouiller de fond en comble les moindres recoins de la ferme, visitant chaque pièce systématiquement ; les pièces sombres que nous visitions à la suite les unes des autres, il était impossible d'y rien voir, car l'électricité n'était pas installée à l'époque (précisa à nouveau la fermière) et nos travaux de déménagement furent de ce fait très pénibles. Je ne voyais rien, mon mari sans doute ne voyait rien non plus, et j'avais l'impression que le déménagement des meubles ne prendrait jamais fin. J'assistais cependant mon mari avec une détermination très grande, j'étais infatigable tout ce temps où nous avons tout déménagé. Mais au fond (dit la femme au notaire) je supportais mal de voir tous ces meubles accumulés dans la cour, savoir qu'ils finiraient dans une décharge ne me tranquillisait pas, rien ne pouvait me détourner de leur sinistre vision, ces meubles exposés dehors, dans la cour, ne me laissaient pas en paix. Je n'eus pas le courage pourtant de lui demander (à mon mari) de faire disparaître au plus vite tous ces meubles qui s'accumulaient dans la cour. Mon mari ne voulait pas perdre une seule minute (je le savais), il voulait absolument vider toutes les pièces existantes de leur contenu (les vider de leurs meubles et de leurs objets cassés), et pour rien au monde il ne se serait interrompu (et n'aurait accepté que je m'interrompe moi-même) dans cette pénible tâche pour soustraire à mon regard (et au sien) ces meubles que nous exposions dans la cour. Ainsi j'acquiesçais et j'aidais toute la journée mon mari à déménager tous ces meubles ; mais la nuit je ne pouvais, malgré la fatigue, m'empêcher de me relever, durant toute la période du déménagement je n'ai pas fermé l'œil de la nuit. Mon mari, qui était épuisé, se couchait et s'endormait aussitôt. Moi (dit la fermière) je ne parvenais pas à m'endormir et j'allais me poster près de la fenêtre, je regardais tous ces meubles empilés n'importe comment dans la cour, je regardais la pluie ruisseler sur ces vieux meubles fracassés et je restais là jusqu'au matin. Durant toute cette période qui me parut durer une éternité (figurez-vous, dit-elle au notaire, que chaque jour, il fallait fouiller ces pièces humides de fond en comble dans l'ombre, en extirper toutes sortes d'objets inutiles et encombrants pour les exposer à la pluie et au froid dehors), je crus devenir folle. À l'intérieur (de ces pièces que nous vidions de leur contenu) comme à l'extérieur (dans la cour), l'air était devenu irrespirable, cela sentait la moisissure, cela sentait le vieux, cela sentait la fumée de cheminée moisie. L'odeur qu'on respirait à l'intérieur comme à l'extérieur était, comment vous la décrire, réfléchit la femme du fermier, déprimante. La femme se tut un moment puis elle reprit. Les travaux de réfection, qui ont commencé après le déménagement des meubles et des objets qui n'étaient pas à nous, ces travaux, dit la femme, ne connurent jamais de fin, nous n'achevâmes jamais la remise en état de la ferme (et de ses nombreuses dépendances). Mon mari savait bien, qui avait contemplé la ferme et ses dépendances, avait eu tout le temps de la considérer, qu'il faudrait des années avant de la remettre en état. Mon mari savait bien, ne nous voilons pas la face, me dit-il, il va falloir tout reconstruire ici, partir de zéro, presque rien ne tient plus debout, la ferme (et ses nombreuses dépendances) exigera de nous les plus grands sacrifices, nous ne pourrons y vivre confortablement avant des mois, peut-être des années. Rien ne l'aurait pourtant détourné d'acheter la ferme dans l'état dans lequel elle se trouvait, pour rien au monde il n'aurait accepté de chercher une autre propriété. Cela n'aurait aucun sens, m'expliquait-il, d'aménager dans une ferme neuve ou hospitalière, je ne voudrais pour rien au monde habiter une ferme achevée (fût-elle à notre convenance, précisa le mari), où il n'y aurait rien à construire ou reconstruire, où j'aurais l'impression en arrivant de n'avoir rien à faire pour l'habiter. Dans l'esprit de mon mari, dit la femme, nous ne pouvions habiter la ferme qu'après l'avoir reconstruite ou remise en état. Je reconstruirai tout, absolument tout si cela est nécessaire et la ferme reconstruite sera mon œuvre, conclut le mari ; je l'aurai sauvée du désastre, je l'aurai sauvée d'un naufrage ou d'un abandon définitifs, j'aurai redonné vie aux lieux, dit le mari. Cela prendra le temps qu'il faudra, j'y dépenserai toutes mes forces existantes (si nécessaire) et j'en viendrai à bout. Mon mari ne se trompait pas, il nous faudrait beaucoup de temps, énormément de temps, avant d'en venir à bout, comme il avait coutume de dire, une fois que nous fûmes débarrassés de tous ces meubles, nous étions loin en effet d'en avoir fini avec les travaux d'installation. Mon mari loua un camion et porta tous ces meubles à la décharge. Il fit plusieurs tours dans la même journée, et à la nuit tombante il n'y avait plus un seul meuble dans la cour. Pourtant nous n'en étions pas au bout de nos peines, comme on dit, dit la femme du fermier. Loin de là. Assez tôt, nous avons compris que la ferme était bien trop grande pour que nous puissions mettre un jour un point final aux travaux de réfection, bien trop grande et en trop mauvais état, c'était au-dessus de nos moyens et de nos forces. Aussitôt le vieux mobilier en ruine évacué ont commencé les véritables travaux de réfection. Ceux-ci, il fut impossible d'en venir à bout. L'hiver approchait et il était de toute nécessité que nous achevions ces travaux de réfection au plus tôt. Je me chargerai de tout cela, disait mon mari, quel que soit le temps qu'il me faudra j'en viendrai à bout seul. Nous n'avions pas l'argent pour payer une entreprise du bâtiment ; quand bien même nous l'aurions, cet argent, alléguait mon mari (qui commençait à parler tout seul), je ne ferais jamais appel pour ces travaux à des ouvriers du bâtiment, aussi compétents soient-ils. Nous serions milliardaires, poursuivait-il, que je ne songerais pas un instant à confier ces travaux à des ouvriers du bâtiment. Je n'ai pas acheté cette ferme en ruine pour qu'on fasse le travail à ma place, concluait-il, je ne veux rien devoir à personne. Et voilà comment, sitôt que nous eûmes fini de vider la ferme et ses dépendances, commencèrent les travaux de réfection de la ferme (avec ses dépendances) que mon mari entreprit, seul, de remettre en état. Nous n'attendrons pas qu'ils soient finis (que j'en aie fini avec ces travaux) pour nous mettre au travail, me dit mon mari le lendemain du commencement des travaux de réfection. Nous achèterons les bêtes dès la semaine prochaine. Mon mari décida ainsi, un soir, dans le grand salon vide, alors que les travaux de réfection avaient tout juste commencé. Mon mari a compris dès le premier jour qu'il ne viendrait pas à bout de ces travaux de réfection avant longtemps, qu'il lui faudrait pour venir à bout de ces travaux plus de temps qu'il ne lui aurait fallu pour construire une ferme neuve. La cause en était l'état de délabrement prononcé de la ferme (et de ses innombrables dépendances). Cette ferme est impossible, cette ferme est incroyablement inhospitalière, prit-il l'habitude de dire et de répéter chaque soir dans le grand salon. Je savais, disait-il, qu'il nous faudrait beaucoup de temps, dépenser beaucoup d'efforts (des efforts exorbitants) pour la remettre sur pied, mais j'étais loin d'imaginer combien notre ferme était impossible. Impossible d'en faire le tour, impossible d'en dénombrer les bâtiments, impossible de trouver un usage à tous ces bâtiments dispersés sur nos terres, impossible enfin de vivre ici, commentait-il avec dépit mêlé de fureur contenue. Notre ferme n'est pas une construction comme les autres, je ne comprends pas, il y a quelque chose qui ne va pas. Ou alors, il disait : je comprends trop bien la difficulté qui se pose, je vois trop bien que je ne parviendrai jamais à mes fins, cette ferme ne sera jamais habitable. Nous ne pourrons pas l'habiter tant que les travaux ne seront pas achevés mais nous ne pourrons pas non plus les achever (ces travaux lourds et épuisants) si elle ne devient quelque jour habitable. Il ajoutait : comprends-tu quelque chose à cette sophistique, cette ferme inhospitalière et sans limites représente pour moi des possibilités de pensée inédites, indéfinissables, je m'y perds, je ne sais plus où la ferme finit, je ne sais même plus où je suis, dit le fermier à sa femme qui l'écoutait attentivement, ses limites sont repoussées indéfiniment (on ne sait pas pourquoi), on ne sait plus si elle nous appartient vraiment, et le résultat de tout ça, c'est qu'on ne peut que se mettre à penser, chaque matin je constate l'ampleur des travaux de réfection, je me dis en commençant les travaux que je n'y arriverai jamais, je n'arriverai pas au bout de la journée, je me sens un propriétaire hébété, désœuvré, plongé dans la stupeur permanente, elle (la journée) ne sera jamais assez grande ou assez longue pour contenir ce lot de pensées édifiantes et effrayantes qui me viennent dès le réveil, dès que je suis éveillé je me mets à penser à la ferme, à son inhospitalité, j'en ai le vertige, et les pensées angoissantes qui naissent en moi aussitôt me semblent de prodigieuses chances de penser, le malheur d'être là, me dis-je, est un réservoir sans fond de pensées, l'unique possibilité de penser. Les premières bêtes arrivèrent à la ferme, mon mari entreprenait tout juste la réparation des toitures. Après un mois, mon mari, qui de jour en jour travaillait avec plus d'acharnement, décida d'abandonner provisoirement la réparation des toitures. Il serait absurde de vouloir achever la réparation des toitures, sans mettre en œuvre les travaux de maçonnerie. Si je me consacre exclusivement aux toitures, je perds mon temps. La toiture sera achevée que le mur s'écroulera, nous serons bien avancés à ce train-là, cria-t-il presque. Ces travaux (de maçonnerie) ne peuvent pas attendre une journée, que dis-je, une minute de plus. Alors, sans tarder, mon mari abandonna les toitures et se mit aux travaux de maçonnerie. Avec autant d'acharnement, avec plus d'acharnement peut-être qu'il n'avait mis à remplacer les ardoises et réparer les charpentes, mon mari se mit à colmater les fissures, à consolider les murs. Tandis que je m'occupais des bêtes, il s'activait aux travaux de réfection, avec une énergie absolument effrayante pour moi, qui n'aboutissait jamais à un résultat concret, on ne voyait jamais, des semaines après le commencement des travaux de réfection, le résultat des efforts prodigieux dépensés par mon mari. Et plus mon mari travaillait à la réfection de la ferme, plus il devenait silencieux, plus il devenait morne. Pendant des mois, mon mari, qui avait débuté les travaux et était occupé à retaper la ferme, ne pouvait s'occuper des bêtes qui étaient arrivées entre-temps. Pendant ces longs mois où mon mari consacra tout son temps à la réfection de la ferme (il voulait en finir au plus vite, c'est pourquoi il y passait les journées entières), je m'occupais seule des bêtes, je prenais en charge le travail d'élevage. Et ces mois entiers qui furent consacrés sans répit aux travaux de réfection furent les plus silencieux de notre vie (et les plus insupportablement bruyants). Nous ne disions plus rien. La journée durant, j'entendais sans discontinuer le bruit du marteau, de la scie et de tous les autres outils maniés par mon mari, je vivais dans le tumulte perpétuel, jamais le bruit du marteau ou de la scie ne me sortait des oreilles ; même lorsque mon mari avait cessé de marteler ou de scier, je continuais à entendre le bruit du marteau ou de la scie. Dans mon sommeil même, j'entendais résonner ces bruits, dans mes rêves j'entendais (ou je voyais) la scie et le marteau et au réveil ma première pensée allait à la scie ou au marteau. Certaines nuits où mon mari n'arrivait pas à dormir, je l'entendais descendre à pas feutrés l'escalier (il ne faisait jamais grand bruit). Il se réveillait subitement au milieu de la nuit et il descendait les escaliers, complètement nu, les vêtements dans ses mains. Sans doute s'habillait-il dans le couloir ou dans la cuisine, je n'entendais plus rien. Et quelques minutes après qu'il fut descendu nu dans l'escalier, j'entendais retentir à nouveau le bruit du marteau ou de la scie. Mon mari quittait la chambre nu, complètement nu, tenant ses vêtements dans ses mains, il prenait ces précautions pour ne pas me réveiller, il descendait l'escalier nu comme un ver pour ne pas troubler mon sommeil et quelques minutes après il se mettait à cogner de son lourd marteau et la nuit n'était plus que coups de marteau donnés par mon mari qui se livrait dans la nuit à la dure besogne de remettre la ferme en état. Le matin, je me levais et je retrouvais mon mari attablé devant son bol de café. Je ne lui disais rien, il ne me disait rien, croyez-moi, dit la femme du fermier au notaire, nous ne pouvions ni l'un ni l'autre faire autrement que ne rien dire. Nous nous faisions face dans la cuisine (où à cette heure il faisait atrocement froid) et nous ne trouvions absolument rien à dire. Moi-même je me versais un bol de café et je remontais dans la chambre (notre chambre). Peu après reprenaient le marteau et la scie. Ces travaux de réfection, entrepris à la fin de l'automne, durèrent si longtemps que nous finîmes par ne plus savoir ce que nous étions venus faire ici. J'avais l'impression, je finis par penser, dit la femme, qu'on nous avait condamnés aux travaux forcés, nous n'avions pas une minute de repos, nous n'avions pas connu un seul jour d'apaisement, chaque jour notre ferme nous rappelait à la nécessité terrible de tout reconstruire, de tout remettre en état. Nous ne pouvons pas habiter une ferme en travaux, nous ne pouvons pas vivre ici tout en continuant à bâtir ou plutôt rebâtir, me disais-je, sans voir le moindre résultat. Les hommes, c'est compréhensible, tous les hommes, ont besoin de voir le résultat de leur travail, personne n'échappe à ce besoin vital de constater un résultat concret à son travail. N'importe qui ressent cela, on ne peut pas vivre sans voir, sans constater avec ses propres yeux le résultat de son œuvre. Les hommes, tous les hommes, ont besoin d'achever quelque chose dans leur vie, tout ce qui est entrepris est la poursuite d'un achèvement, à ce point de vue-là tout ce qu'entreprennent les hommes, tout ce qu'ils commencent, est louable, digne de respect, à ce point de vue-là aucun projet n'est mineur s'il vise (en partie ou totalement) à un achèvement, n'importe quel achèvement. On n'est jamais satisfait de l'inachevé, l'inachevé nous angoisse à un point tel qu'on préfère bâcler son œuvre que la laisser en l'état d'inachèvement, si on la laisse inachevée (l'œuvre entreprise, quelle qu'elle soit) c'est qu'on ne pouvait faire autrement que renoncer, c'est qu'on s'est attaqué à quelque chose de trop grand, confronté à quelque chose qui nous dépasse. Pendant cette période, il nous aurait suffi d'entrevoir seulement une amélioration, nous ne demandions pas grand-chose, noter quelque changement (même sans importance, même infime), remarquer quelque transformation, fût-elle minime, devant quoi nous réjouir du travail accompli, mais il n'en fut jamais rien, la ferme (et ses nombreuses dépendances) ne changeait pas d'aspect, elle était toujours aussi inhospitalière, toujours aussi laide, le chemin d'un bâtiment à un autre nous paraissait de semaine en semaine plus fastidieux, plus long à parcourir, le moindre pan de mur me paraissait déprimant à voir. Le plus petit signe de changement nous aurait contentés, si seulement nous avions pu discerner une quelconque amélioration, notre vie en eût été modifiée, mais chaque jour la ferme, notre propre ferme (dont nous étions devenus si hâtivement les propriétaires) devenait plus sinistre, plus déprimante à voir et à habiter, à l'extérieur comme à l'intérieur. Il n'y avait pas moyen de vivre un seul moment paisible, il n'y avait plus pour moi une seule minute de répit, à aucun moment je ne trouvais la paix, un minimum de paix. Si je me trouvais dans le salon, près de mon mari qui songeait à quelque chose sans rien me dire, je ne pouvais pas apprécier cette minute de paix auprès de mon mari, car ma pensée allait immédiatement à notre chambre qui était glaciale, aux greniers qui étaient immenses et traversés par les courants d'airs ou au cellier à l'odeur moisie. Nulle part je ne pouvais me trouver bien, car à chaque instant (et quoi que je fisse à cet instant) ma pensée était détournée, je me mettais à divaguer, à songer à tout autre chose, par exemple je me projetais dans une autre pièce, je m'y transportais par la pensée, n'importe quelle autre pièce dans laquelle je m'imaginais, généralement je n'y faisais rien, j'attendais dans un courant d'air, je fixais une lézarde, je tentais de rejoindre une fenêtre en repoussant des cartons, ainsi, à chaque instant où je croyais trouver la paix, j'étais conduite malgré moi à visiter quelque autre pièce (en plein courant d'air et ne faisant rien), puis chacune des pièces constituant la ferme, je visitais par la pensée tous les lieux de la ferme, les greniers, les caves, les étables, tous ces lieux se mettaient à défiler dans mon esprit à une vitesse vertigineuse (et chaque fois je me retrouvais dans une de ces pièces en plein courant d'air à attendre je ne sais quoi) jusqu'à ne plus pouvoir tenir en place, soudainement je me mettais debout sans rien dire, mon mari ne comprenait rien, je me levais brusquement et je quittais la pièce, sans savoir où aller, sachant que n'importe où ailleurs je ressentirais la même impression absurde. La situation devint vite invivable, pour moi j'entends (précisa la femme du fermier), la vie dans la ferme me devint vite impossible, intenable. Je ne tenais pas en place, seul le travail m'offrait un répit. Je continuais à m'occuper des bêtes, je n'avais pas une minute de relâche et pendant tout ce temps mon mari poursuivait ses travaux de réfection entrepris à l'automne. Il ne cessait de travailler, durant tout le jour (et parfois la nuit), et pourtant il n'en paraissait rien ; je veux dire, comprenez-moi bien (la femme du fermier interpella ainsi le notaire déchu), que la ferme ne quittait pas cet aspect délabré que nous lui avions connu le jour même de notre arrivée. Mon mari travaillait sans relâche depuis des mois à la réfection de la ferme (et de ses nombreuses dépendances) et jamais nous ne pûmes noter le moindre changement, aucun résultat visible. Les mois passèrent et malgré tous les efforts dépensés par mon mari (qui n'avait pas relâché son travail depuis le commencement des travaux, qu'il avait même chaque jour menés plus durement et avec un acharnement grandissant), nous ne pouvions que constater que la ferme, du moins dans son aspect extérieur, n'avait pas subi d'amélioration notable (de même pour les dépendances de la ferme), nous ne pouvions que faire le constat de l'inutilité radicale des travaux de réfection entrepris par mon mari. Nous n'habiterons jamais la ferme, pensais-je en moi-même, nous ne ferons que déployer des efforts infinis, inutiles et vains, pour la rebâtir, mais nous n'obtiendrons finalement rien, nous ne parviendrons jamais qu'à la sauver du naufrage définitif, nous empêcherons qu'elle devienne ruine, nous ralentirons le processus inéluctable qui conduit la ferme à la destruction, mais nous ne l'interromprons jamais (ce processus nécessaire et inéluctable), nous retarderons le moment de l'effondrement final, nous ne ferons que le retarder, nous n'empêcherons pas, rien n'empêchera que tout s'écroule à la fin. Aussi surprenant que cela puisse vous paraître, dit la femme au notaire, la ferme demeurait à nos yeux dans l'état même de délabrement où nous l'avions trouvée en arrivant. Notre ferme, je vous le confirme, ne quitta jamais l'aspect lamentable que nous lui vîmes en la découvrant le premier jour. Inexplicablement, elle (notre ferme) resta dans l'état où nous l'avions trouvée. Cette ferme, pensais-je (et mon mari dut penser plus d'une fois la même chose), est réfractaire à toute amélioration, cette ferme est faite pour (et doit) rester dans ce triste état dans lequel elle nous est apparue la première fois et dans lequel probablement elle est destinée à rester toujours. Cette ferme désolée (comme nous l'avons découverte), dont la cour (au moment où nous la visitâmes) était hérissée de machines agricoles en panne ou détruites, ne changerait jamais d'aspect. Je comprenais, et sans doute l'avais-je compris dès en arrivant ici, que cette ferme que mon mari aussitôt voulut acheter (sans se soucier du prix qu'elle nous coûterait et de la peine que nous aurions à la remettre en état) ne quitterait jamais son état de ruine initial. Nous l'avons visitée, c'était une ruine (presque une ruine), et je savais déjà qu'elle ne quitterait jamais ce sinistre état d'abandon. En la voyant la première fois, je me suis dit tout de suite : on ne pourra jamais la sortir de cet état d'abandon sinistre, et j'imaginais les occupants de la ferme qui étaient là avant nous et nous avaient précédés dans la tentative de la sauver (la ferme) du naufrage, j'imaginais leurs efforts inutiles et pareils aux nôtres pour la remettre en état et essuyant les mêmes échecs, affrontant les mêmes assauts de découragement, passant par les phases identiques de lassitude, d'affliction et d'anéantissement (pour finir). Car autrement qu'en ruine je ne pouvais pas imaginer la ferme, et ses occupants qui comme nous arrivaient la première fois, je leur prêtais mes pensées d'abattement profond, je ne les imaginais pas autrement qu'avec cette impression d'accablement tragique et impuissant ressentie dès le premier jour. Eux aussi (avant nous), me disais-je, ils ont dû se sentir anéantis (avant nous) et perdus, à peine arrivés ici ils ont dû se dire (avant nous) exactement comme nous qu'ils ne pourraient échapper à cette impression et qu'ils ne pourraient pas davantage échapper à la ferme. Eux comme nous (avant nous) ont compris, très tôt ils ont dû comprendre qu'il ne servirait à rien d'essayer de remettre la ferme en état, continuais-je à penser. Du reste, le tragique de l'histoire n'est pas que nous sommes restés ici, que nous avons ici vécu et travaillé avec acharnement pendant plus de trente ans, non le tragique est que nous savions que nous le ferions (vivre et travailler avec le plus grand acharnement), et que rien ne nous aurait empêchés, à partir du moment où nous avons vu la ferme, de le faire, rien n'aurait pu, à partir du moment où mon mari (qui avait contemplé un bon moment la ferme) décida d'acheter la ferme, nous détourner de vivre ici. Le plus étrange est que nous étions libres, que nous avons agi librement, décidé de rester ici en sachant (oui, nous le savions) que nous nous condamnions à un exil ; du jour où nous sommes arrivés ici nous nous sommes éloignés définitivement de tout ce qui nous avait été familier un jour. J'agissais, dit la femme au notaire, librement en acceptant d'accompagner mon mari ici, en m'abstenant de le détourner de son projet d'acheter la ferme (avec ses nombreuses dépendances), j'étais libre encore en ne lui disant rien. J'agissais, comme on dit, en pleine conscience ; je ne voulais pas contrarier mon mari, j'approuvais l'idée de vivre ici, tout en sachant que je ne me ferais jamais à la vie d'ici. Je choisis de ne rien dire, car j'avais la certitude que je ne pouvais rien faire contre le projet de mon mari, je me sentais impuissante à l'en détourner, il n'y avait pas de mot pour argumenter là-dessus.

Mon mari, je l'avais compris tout de suite, ne savait pas ce qu'il faisait en achetant la ferme, ne voulait pas réfléchir à ce qu'il faisait, il était incapable d'imaginer qu'il faisait une erreur en achetant précipitamment la ferme, il ne le comprendrait jamais (précisa en aparté la femme), il le faisait sans savoir où cela nous mènerait, il le faisait parce qu'il n'avait pas le choix de faire autrement. Nous n'avions visité aucune autre ferme avant de visiter celle-là, nous n'en visitâmes aucune après l'avoir visitée, mon mari considéra après l'avoir visitée qu'il n'était pas utile d'aller chercher plus loin une autre ferme. Nous n'avions pas de temps à perdre, selon mon mari ; dans la tête de mon mari, il n'y avait pas une minute à perdre, à partir du moment où nous nous sommes mis à contempler la ferme, debout sur le tertre, il n'y eut plus un moment à perdre. La ferme était devant nous dans cet état de triste abandon que nous lui avons toujours connu, nous étions l'un et l'autre immobiles sur le tertre, l'un à l'autre étrangers, l'un et l'autre plongés (murés) dans nos pensées, lorsqu'un avion de chasse passa au-dessus de la ferme (et de ses dépendances). Pas n'importe quel avion, expliqua la femme, mais un avion de chasse, qui passa au-dessus de nos têtes ce jour-là et les jours suivants avec un bruit épouvantable, à une vitesse à peine croyable. Tout se mit à vibrer et à trembler autour de nous, quelques secondes nous avons cru l'un et l'autre à un tremblement de terre, nous nous sommes dit que les bâtiments de la ferme ne tiendraient pas le coup, que tout allait s'écrouler dans la minute. Je ne sais quel effet eut ce jour-là (de notre première visite) le passage de l'avion de chasse au-dessus de la ferme (et de ses dépendances) dans l'esprit de mon mari, il dut bien, me dis-je, se passer quelque chose dans la tête de mon mari ce jour-là, à cette minute même (où l'avion passa au-dessus de la ferme, avec le son déchirant de ses réacteurs), car aussitôt que l'avion fut passé et que tout redevint calme autour de nous, mon mari dit simplement : c'est ici que nous vivrons et travaillerons. La décision, il l'avait prise (me dis-je en entendant la sentence de mon mari) pendant le passage de l'avion de chasse (ou tout juste après son passage) ; cet avion de chasse a été le signe déclencheur (ou l'alarme) qui a déterminé mon mari à devenir propriétaire de la ferme. Par la suite (dès que les premiers travaux de réfection furent entrepris par mon mari, précisa la femme), cet avion de chasse ne cessa de survoler notre ferme (avec ses innombrables dépendances) et encore des années après, alors que mon mari avait renoncé à ses travaux de réfection (et qu'il se consacrait à la lecture des livres allemands, la femme fit cette parenthèse), cet avion de chasse continua à survoler notre ferme, en déchirant le ciel du son infernal de ses moteurs. Cet avion, nous avons fini par nous y habituer, ses passages réguliers au-dessus de la ferme nous ont rendus familiers au son de ses réacteurs, nous nous sommes pour ainsi dire étrangement attachés à lui. Par une fâcheuse tendance liée à l'habitude, nous nous sommes mis à considérer, chaque fois qu'un avion de chasse survolait la ferme (il ne se passait pas un jour sans qu'un avion de cette catégorie passât au-dessus de nous), que cet avion était le même (avion identique, conduit par un aviateur identique, depuis des années). L'avion de chasse survolant la ferme (et ses nombreuses dépendances), nous l'imaginions identique à celui qui était passé au-dessus de nos têtes la veille ou l'avant-veille (le même avion conduit par le même pilote que la veille ou l'avant-veille), et à ce que nous imaginions, cet avion (pour nous, qui n'en doutions pas) survolerait la ferme le lendemain ou le mois suivant. Cet avion de chasse, comprenez cela comme vous le pourrez, dit la femme au notaire déchu, devint par la force de l'habitude notre propriété, il finit par devenir notre bien, comme on dit. À mesure que nous nous sentions expropriés de notre ferme inhospitalière (chaque jour en effet la ferme devenait plus invivable que la veille), nous nous raccrochions assidûment à l'idée que cet avion de chasse, d'un certain point de vue, il nous appartenait, d'un certain point de vue, pensions-nous, il était notre bien. Naturellement, se justifia la femme du fermier, nous n'avions pas la possibilité de savoir si cet avion était le même, il était de toute façon improbable qu'il le fût réellement et a fortiori il était extravagant d'imaginer que l'appareil pouvait être conduit, depuis toutes ces années, par le même aviateur. Il aurait fallu que l'aviateur fût insomniaque ou échappé de l'asile ! plaisanta la femme du fermier. En tout cas, notre vie sans cet avion de chasse n'aurait pas été la même, nous n'aurions pas mené la vie que nous avons menée (toutes ces années) si cet avion de chasse n'était pas passé au-dessus de nos têtes et si nous ne nous étions pas habitués à l'entendre et le voir passer au-dessus de nous. Mon mari n'avait pas achevé les travaux de réfection que nous nous étions déjà familiarisés avec les passages réguliers de cet avion que nous finîmes par guetter tous les jours. Notre ferme est éloignée de toute autre habitation, vous avez dû le constater vous-même en venant ici, dit la femme au notaire, il y a loin de notre ferme au prochain village, notre ferme est très isolée, c'est pourquoi cet avion de chasse est vite devenu une idée fixe, une idée nécessaire à notre existence. Non seulement nous nous sommes habitués au son infernal des réacteurs, mais nous ne pourrions plus nous en passer désormais (que nous nous y sommes habitués), avons-nous compris. Franchement, déclara la femme, nous ne nous sommes jamais demandé quelle mission pouvait accomplir cet avion, jamais l'idée ne nous est même venue qu'il accomplissait quelque mission utile, à vrai dire il nous suffisait d'imaginer que l'avion de chasse était conduit par un aviateur insomniaque ou complètement fou, pour que nous nous sentions en paix; nous nous sommes très vite faits à l'idée que cet avion n'allait nulle part, qu'il ne faisait qu'accomplir un vol de routine, conduit par quelque aviateur insomniaque et sans âge défini. Cet avion de chasse me donne quelque force, le courage de penser que je viendrai à bout de mes travaux de réfection, me dit mon mari, un soir qu'il s'attardait dans le salon; je ne sais où je puise l'énergie pour continuer les travaux, je suis contraint de penser, décréta mon mari, que cet avion de chasse m'est du plus grand secours dans la poursuite de mes travaux; sans lui je n'irais pas plus loin, j'abandonnerais tout. Il est notre seule certitude pour ainsi dire (remarqua le mari), cet avion constitue un rempart contre la puissance d'action du désœuvrement, cet avion est un antidote contre l'abattement. Et le lendemain du jour où mon mari me fit cette réflexion (au sujet de l'avion de chasse), mon mari qui s'attardait encore dans le salon me déclara en avoir fini avec ses travaux. Mon mari interrompit brusquement les travaux, en effet. Le lendemain du jour où il me confia combien le son des moteurs de l'avion de chasse qui passait régulièrement au-dessus de la ferme (et au-dessus de lui qui travaillait à la maçonnerie ou aux toitures) lui donnait la force nécessaire aux travaux sans fin de réfection, mon mari m'annonça subitement qu'il interrompait définitivement ces travaux. C'était en fin de journée, il se déchaussa avant d'entrer dans le salon et il me dit qu'il abandonnait là les travaux. Il ne ferait plus rien dans le but d'achever ses travaux de réfection entrepris depuis des mois, il laissait le chantier en l'état, il n'y avait plus rien à faire, disait-il. Il était froidement déterminé, en chaussettes dans le salon, il me disait qu'il était convaincu qu'aucun effort ne pourrait venir à bout de tels travaux, rien qui fût humainement possible ne mettrait fin aux travaux de réfection. Mon mari avait en définitive pris le parti de ne plus rien faire allant dans le sens d'une réfection de la ferme et de ses innombrables dépendances. Je ne produirai plus, dit-il, un seul effort en vue de réparer la ferme, je n'entreprendrai plus désormais aucune réparation, tu m'entends, dit-il encore, plus rien ne sera plus réparé par moi dans cette ferme. Il parlait ainsi devant moi en chaussettes dans le grand salon. Je ne répondais rien. Il poursuivait : cette ferme est irréparable, elle est irrémédiablement et complètement irréparable, elle sera toujours et définitivement délabrée et branlante. Je l'écoutais me parler et je ne répondais toujours pas. Il hochait la tête, les yeux dans le vide, comme on dit, et il ne dit plus rien pendant des heures, pendant des jours. Tout de même, reprit la femme, nous sommes parvenus à faire prospérer l'élevage. Si, du côté des travaux de réfection de notre ferme (et de ses nombreuses dépendances), ce fut un échec total et incontestable, du côté de l'élevage, ce fut une véritable réussite. Très tôt le matin, ensemble nous nous levions et nous passions la journée dehors, auprès de nos bêtes. La ferme, nous avions renoncé (mon mari d'abord, et moi après lui) à lui donner un aspect achevé, jamais notre ferme n'eut à l'intérieur comme à l'extérieur l'aspect fini que nous avions rêvé qu'elle eût. Du côté de la ferme, nous n'avions plus rien à espérer, aucune amélioration ne viendrait de ce côté-là, nous disions-nous. Chaque jour notre ferme devenait plus sinistre, nous le constations sans rien nous dire, nous ne nous parlions presque plus, chaque jour la ferme où nous habitions et où nous travaillions nous parut plus déprimante et plus sale que la veille. Mais cela tout de même ne nous empêcha pas de nous consacrer à notre élevage; au contraire, plus notre ferme (et ses dépendances) se dégradait, plus elle se détériorait, plus elle devenait sale, et plus notre élevage se développait, prospérait. L'élevage et le commerce de nos bêtes, après l'abandon définitif des travaux de réfection, se mit à prospérer incroyablement, plus que nous n'aurions jamais osé l'espérer. Après quelques mois, nous sommes devenus véritablement riches, superlativement riches même, à la tête d'une fortune considérable, comme cela s'appelle. D'une manière improbable, nous avons gagné et accumulé beaucoup d'argent, nous sommes bel et bien devenus des fermiers riches. Notre ferme était toujours en triste état en revanche; que nous eussions désormais beaucoup d'argent ne changea rien à l'état de la ferme (et de ses nombreuses dépendances), qui demeura dans le même état d'abandon sinistre et désolant. De l'aspect sinistre de la ferme nous continuions à nous désoler intérieurement, mais comme d'une chose à laquelle et contre laquelle nous ne pouvions rien faire. Au point de vue financier, nous étions comblés, mais au point de vue de l'habitation de la ferme, nous étions complètement dépossédés. N'importe qui (remarqua la femme) serait passé par là et nous aurait rendu visite aurait jugé à l'aspect de notre ferme que nous en étions réduits à un état d'extrême pauvreté, il aurait jugé à l'état de la ferme que nous étions ruinés, et sur nos visages il aurait lu la dépression causée par cette ruinc. Le visiteur devant notre ferme incontestablement inhospitalière aurait jugé immédiatement et définitivement que nous étions de pauvres paysans démunis; il serait sorti de là avec le plus grand empressement et en quittant notre ferme (inhospitalière) il se serait apitoyé sur le sort des paysans et des éleveurs en général et sur notre misère en particulier (et au premier chef sur notre situation économique misérable). Qui nous aurait visité se serait dit sans doute après nous avoir vus : quel sort terrible est réservé à cet homme et à cette femme obligés de vivre dans ce trou et réduits à la pauvreté la plus grande. Le visiteur, passant les vitesses sur la route, n'aurait pu s'empêcher de s'imaginer à notre place et à cette pensée il aurait frissonné. Ceci dit, nous n'eûmes jamais de visite. Le déroulement des journées, à partir du moment où mon mari interrompit les travaux de réfection, était invariable, les jours passaient et se ressemblaient. Toute la journée nous étions dehors occupés avec nos bêtes, et le soir venu je m'en allais dormir aussitôt que possible. Quelle que soit la saison, dès que nous en avions fini avec l'élevage, je regagnais notre chambre et m'en allais coucher. J'étais harassée du travail accompli depuis très tôt le matin et dès que la journée de travail s'achevait, je montais les escaliers, je m'en allais dormir. J'étais fatiguée, oui, mais surtout je ne supportais pas de rester éveillée dans la ferme lorsque nous en avions fini avec les travaux de la ferme. Tant qu'il y avait à faire à la ferme, je n'avais pas le temps de me tourmenter, je travaillais dur aux côtés de mon mari en oubliant la ferme, j'oubliais le malheur de vivre dans notre ferme inhospitalière et isolée. Mais dès que les travaux du jour prenaient fin, l'inquiétude s'emparait de moi, je ne supportais plus rien, je devenais nerveuse et déprimée, je me dépêchais d'engloutir le dîner. Je mangeais nerveusement, sur un coin de table dans la cuisine, sans adresser un mot à mon mari qui était silencieux lui aussi. À l'idée qu'il n'y avait plus rien à faire avant le lendemain, j'étais paniquée, je redoutais que la soirée s'éternise, je me persuadais que la moindre minute perdue allait s'éterniser, que rien ne pourrait plus m'arracher à cette minute qui deviendrait une éternité. Je me levais de table précipitamment, je ne débarrassais jamais la table, cela je laissais mon mari le faire, je prenais le chemin de la chambre sans perdre une minute. C'est alors que mon mari, tandis que je m'en allais dormir, trop épuisée pour rien dire, consacra ses nuits à la lecture de livres allemands. Je ne savais même pas que mon mari parlait (ou lisait) l'allemand, je ne sus jamais où il avait appris à parler (et lire) l'allemand, là-dessus il ne me dit jamais rien, il resta des plus réservé sur sa connaissance de la langue allemande. Un soir où je m'en allais dormir sans rien dire comme à mon habitude, mon mari me suivit d'un pas traînant dans l'escalier, il tenait un livre à la main et il s'installa, tandis que je me déshabillais, dans le fauteuil à oreilles qui s'était toujours trouvé ici. Il tira le fauteuil à oreilles près de la fenêtre et il se plongea dans la lecture d'un livre en langue allemande. Ce fauteuil à oreilles, c'est tout ce que mon mari avait souhaité conserver du mobilier ancien que nous avions trouvé en arrivant ici et il est toujours demeuré à la même place. Tout naturellement, mon mari tira le fauteuil vers la fenêtre et tout aussi naturellement il commença sa lecture dans le fauteuil à oreilles. Toutes les nuits depuis ce jour où il tira le fauteuil à oreilles près de la fenêtre, mon mari se consacra à la lecture des auteurs allemands ; jusque très tard dans la nuit (alors qu'il faisait froid partout dans la maison et surtout dans la chambre), mon mari se postait près de la fenêtre ; il ne quittait jamais la chambre après le repas du soir que nous prenions dans la cuisine, il montait avec moi dans la chambre, du même pas traînant il me suivait dans la chambre, il s'installait dans le fauteuil à oreilles et il n'en bougeait plus. Je ne lui ai jamais demandé de rester près de moi tout le temps qu'il lisait, je n'ai pas besoin de toi, je lui disais, j'étais excédée, va donc, tu peux aller lire dans le salon près de la cheminée, disais-je encore, mais il ne quittait jamais la chambre, il prenait place dans le fauteuil à oreilles, il s'installait confortablement dans le fauteuil à oreilles et il se plongeait dans sa lecture sans rien dire près de la fenêtre, en plein courant d'air. J'étais enfouie sous la pile des couvertures, je me blottissais sous les épaisseurs de couvertures en chien de fusil et en cherchant le sommeil je ne cessais de ressasser la même question, je me demandais quel motif poussait mon mari à se poster près de la fenêtre, en plein courant d'air. Cette fenêtre n'a jamais fermé convenablement, mais jamais mon mari n'eut l'idée de la réparer, jamais il ne fit un geste pour remédier au défaut de la fenêtre, si bien que depuis trente ans il a toujours fait froid dans la chambre, un froid glacial et pénétrant. Je ne savais comment mon mari pouvait demeurer immobile pendant ces heures où il lisait ses livres allemands, je ne m'expliquais pas qu'il pût tenir ainsi en position assise dans le fauteuil à oreilles, exposé au courant d'air de la fenêtre. La maison a toujours été glaciale, la chaleur n'est jamais entrée dans la ferme, il y a toujours régné un froid glacial, particulièrement dans la chambre où la fenêtre ferme si mal. Mon mari ne fit jamais rien pour remédier au froid glacial de la chambre, car il avait renoncé une fois pour toutes aux travaux de réfection. À partir de ce moment en tout cas (où mon mari renonça brutalement à achever les travaux de réfection), chaque soir mon mari m'accompagnait jusqu'à la chambre, il montait les escaliers, il regagnait la chambre avec moi qui tombais de sommeil et lui prenait position dans son fauteuil à oreilles tandis que je m'apprêtais pour la nuit. Il s'installait confortablement dans le fauteuil à oreilles. En été et au printemps il ne portait qu'une chemise aux manches retroussées, et dès le début de l'automne jusqu'à la fin de l'hiver il portait par-dessus la chemise une veste noire que je lui avais offerte. Même en plein été, on ne pouvait jamais dire qu'il faisait vraiment chaud dans la chambre, il faisait toujours froid et humide, mais cela n'empêchait pas mon mari de poursuivre sa lecture, jamais il ne se plaignit d'avoir froid, jamais le froid ne réussit à le déloger du fauteuil à oreilles. Pendant toutes les années où nous avons vécu ici, cela s'est passé comme cela, jamais rien n'a changé dans nos habitudes, jamais rien n'est venu perturber le cours de nos habitudes. Il se tenait près de la fenêtre, comme un chien paisible. Tu vois, me disait-il, depuis le fauteuil à oreilles, je suis ton chien, je cultive les lettres allemandes et en même temps je suis comme un chien qui me tiens près de toi, tu sommeilles et je suis éveillé, je ne m'endors jamais, je suis un chien insomniaque, disait-il en riant, et lecteur de textes allemands : ton fermier germaniste. Il était confortablement installé dans le fauteuil à oreilles et je m'endormais en chien de fusil dans le grand lit. Il était exposé au courant d'air, je ne sais pourquoi il ne poussait jamais le fauteuil, il restait toujours à la même place, cette place était sacrée (je n'ai jamais compris pourquoi) et il lisait jusque très tard dans la nuit, il lisait pendant des heures, je l'entendais tourner les pages, je m'endormais au son des pages qu'il tournait lentement et doucement, le livre était posé sur ses genoux et il le tenait d'une main précautionneuse, il ne sentait pas le courant d'air qui passait sous la fenêtre (ou du moins il ne voulait pas le sentir, ou faisait comme s'il ne le sentait pas). Mon mari, dans le fauteuil à oreilles, avait toujours l'air satisfait. Dès qu'il était assis dans le fauteuil à oreilles, mon mari n'avait plus l'air déprimé, il semblait tout au contraire très réjoui. Il a dû lire ainsi des centaines de livres (tous écrits en langue allemande) dans le fauteuil à oreilles, je n'ai pas compté le nombre des livres qu'il a pu lire dans le fauteuil à oreilles, il me serait impossible d'en savoir le nombre exact, mais jamais il n'a dérogé à son habitude de lire ainsi chaque soir (ou partie de la nuit) ; il se levait à cinq heures du matin tous les matins et il travaillait durement pendant toute la journée dans les champs, il travaillait toute la journée et le soir venu, quelle que soit la saison, il trouvait encore la force de lire ses auteurs allemands, il puisait dans la littérature allemande tout l'énergie nécessaire, et cette énergie puisée dans les livres écrits en langue allemande, il la dépensait à se plonger toujours plus intensément et plus totalement dans la littérature allemande. La lecture quotidienne des auteurs allemands devait coûter à mon mari les plus pénibles efforts. Depuis qu'il avait abandonné les travaux de réfection et qu'il s'était mis à lire les auteurs allemands, mon mari ne dormait presque plus en effet. Dormir me fatiguerait plus encore, disait mon mari à qui je reprochais ses insomnies forcées. Dormir m'a toujours fatigué, prétendait-il, m'a toujours épuisé (oui, épuisé, insistait-il), m'a toujours été pénible, dormir m'a toujours vidé de mes forces, finissait-il par dire (finissait-il par me dire, dit la femme du fermier germaniste au notaire). Il devait j'imagine s'armer du plus grand courage et de la plus grande détermination pour ne pas céder à la fatigue et poursuivre sa lecture. Mon mari est un être de volonté, me plaisais-je à penser à la suite de mon mari, sans savoir ce que pouvait bien signifier l'expression employée parfois par mon mari ; je suis un être de volonté, me disait-il parfois, il ne s'expliquait pas là-dessus. Parfois, je croyais deviner qu'il s'assoupissait et je l'invitais, depuis le lit, à interrompre sa lecture et à venir se coucher près de moi. Viens, lui disais-je, laisse donc un peu ta littérature de côté et couche-toi près de moi. Il ouvrait alors les yeux, mais il ne répondait pas. Il reprenait sa lecture du livre allemand, je ne sais lequel, je n'ai jamais retenu un seul nom d'auteur ou un seul titre, à vrai dire je n'ai jamais pris la peine de lui demander quel livre il lisait, qui en était l'auteur ou quel en était le titre. Je n'ai jamais pu me résoudre à interroger mon mari là-dessus, de même que je n'ai jamais cherché à savoir où il se procurait tous ces livres. Tous ces livres, il les rangeait (une fois qu'il les avait lus) dans des cartons, et il entreposait ces cartons (une fois qu'ils étaient remplis) dans une pièce vide (au deuxième étage), où il n'y avait rien d'autre que ces cartons contenant ses éditions allemandes. La pièce vide du deuxième étage était vouée entièrement au rangement, ou pour mieux dire au stockage de ses éditions allemandes. À considérer la manière dont mon mari rangeait les livres dans ces cartons, l'expression appropriée est celle de stockage, l'idée seule de stockage approche la manière dont mon mari procédait pour ranger ses éditions allemandes. En réalité, il stockait ces livres au fond de ces grand cartons, comme s'il se fût agi de n'importe quelle marchandise, ces cartons auraient pu contenir n'importe quelle autre marchandise qu'il ne les aurait pas remisés autrement dans la pièce vide au-dessus de notre chambre. Du reste, il ne l'appelait pas (cette pièce) bibliothèque mais la chambre aux cartons, il disait et répétait la chambre aux cartons, très tôt la chambre vide qui ne contenait au début que quelques cartons devint immédiatement dans la conversation de mon mari chambre aux cartons et non pas bibliothèque. Cette pièce qui faisait office de bibliothèque était entièrement vide, les murs en étaient blancs, mon mari l'avait repeinte un jour, il avait nettoyé les murs et l'avait repeinte en blanc, et d'année en année la pièce s'emplissait, mon mari la remplissait de cartons contenant ses éditions allemandes, la pièce était encombrée de cartons entreposés, il devint vite impossible d'y faire deux pas sans buter sur un carton. La pièce aux cartons s'emplissait, mais elle paraissait toujours aussi vide, avec les années il devenait de plus en plus difficile d'y entrer, il était impossible d'atteindre certains cartons, toute une partie de la pièce était devenue inaccessible, faire deux pas dans la pièce, cela devint absolument impossible, et pourtant la chambre aux cartons qui ne cessait d'emplir donnait l'impression d'être vide, absolument vide. Les cartons accumulés en désordre dans la pièce n'empêchaient pas qu'elle paraissait, continuait à me paraître, vide. La chambre aux cartons était silencieuse, il y régnait un silence particulier, dans nulle autre pièce de la ferme (qui comptait tant de pièces) il n'y avait un tel silence, un silence insoutenable de chambre forte. La chambre était exposée plein nord et il était parfaitement impossible de la traverser pour en ouvrir la fenêtre, après quelques années il était impossible même d'y pénétrer, tant elle était emplie de cartons entreposés n'importe comment qui barraient le passage. On ne pouvait que repousser la porte et aussitôt un silence assourdissant et insupportable vous emplissait les oreilles. Jamais je ne me suis risquée à lui parler de la chambre aux cartons qui dans le fait était devenue un entrepôt de cartons, je ne pouvais m'empêcher de me questionner moi-même à son sujet (au sujet de la chambre aux cartons), je me demandais quel but visait mon mari en accumulant tous ces cartons bruns remplis d'éditions allemandes. Une fois seulement, il me parla de la chambre aux cartons, seulement pour me dire qu'il y aurait un piano à queue dans la chambre aux cartons, un piano immense emballé dans un carton immense (à la place des cartons emplis de livres écrits en langue allemande), que cela n'aurait rien changé à l'affaire; la chambre aux cartons serait demeurée la chambre aux cartons, un point c'est tout, il me dit cela à propos de la chambre aux cartons, un jour, sans rien ajouter. Mon mari parfois me parlait de ses auteurs allemands, jamais le jour, toujours le soir (ou la nuit) dans notre chambre (lorsque je ne parvenais pas à m'endormir, malgré mon épuisement), il me lisait des passages entiers, des chapitres entiers d'auteurs allemands, il attendait que je sois sur le point de m'endormir avant de se mettre à parler, il me demandait alors d'admirer la beauté de la prose allemande, la grandeur et la sévérité de la prose allemande, je tombais de sommeil (il ne m'adressait pas la parole avant de me voir tomber d'épuisement) et il me demandait de goûter la prose allemande, de l'entendre et de la goûter à fond, la musique allemande. Mon mari, dit la femme du fermier germaniste, ne faisait pas attention à moi, il ne se souciait pas de moi, il ne me regardait jamais, il s'adressait à moi sans jamais se tourner vers moi, qui étais couchée en chien de fusil. Brusquement, il s'interrompait dans sa lecture silencieuse (qui pouvait durer des heures), il pouvait lire des heures durant sans s'interrompre dans sa lecture, puis soudainement il s'interrompait dans sa lecture et il me disait : écoute ça, il ne se souciait pas de savoir si je dormais ou si j'étais éveillée, il ne se tournait pas vers moi, il disait seulement écoute, puis il se mettait à me lire un passage du livre qu'il était en train de lire. Je ne pouvais faire autrement qu'écouter, je ne pouvais pas faire semblant d'écouter, je ne pouvais en aucun cas tromper la vigilance de mon mari qui s'arrêtait dans sa lecture à voix haute si toutefois je ne l'écoutais plus vraiment ou si je m'endormais pour de bon. Il m'était absolument impossible de tromper la vigilance de mon mari, il possédait un sens infaillible pour détecter les moments où mon attention se relâchait. Naturellement je ne comprenais rien à ces lectures, j'étais incapable de saisir quoi que ce soit, j'entendais la voix de mon mari qui articulait dans une langue étrangère et inconnue de moi, je voyais son front se rider, j'observais le rehaussement de ses sourcils, mais je ne comprenais absolument rien à ce qu'il me lisait. Je voyais bien que mon mari (qui lisait à voix haute sans discontinuer) ne se préoccupait pas vraiment de moi, je rassemblais toutes mes forces pour fixer mon attention sur sa voix, je n'entendais que sa voix, pas un seul moment une phrase lue par mon mari ne fut comprise par moi, pas une fois je ne compris, comme on dit, un traître mot de tout ce qu'il me lisait, mais dans la voix de mon mari j'entendais le commandement qu'il me faisait d'écouter encore, d'écouter toujours plus, il devait bien savoir que je ne pouvais rien comprendre à ce qu'il me lisait, il le savait certainement, que je ne comprenais absolument rien, mais il ne se souciait pas de cela, il ne semblait tenir qu'à une seule chose (je pouvais m'imaginer qu'il tenait à ça seulement), que je reste éveillée. Ce n'est pas ça l'important, argumentait-il, car il sentait que je me déconcentrais et que je me décourageais, il voyait bien (sans me voir effectivement, sans avoir besoin de se tourner vers moi pour savoir) que j'étais exténuée et accablée d'entendre les sons d'une langue inconnue de moi, il sentait bien que j'allais me rendormir, l'important, disait-il, n'est pas de comprendre quelque chose, de chercher à comprendre quoi que ce soit. Il n'y a rien à comprendre, ici comme partout ailleurs, tout est incompréhensible. L'essentiel est l'attention prêtée à la langue, l'intérêt porté, professait alors le fermier germaniste à sa femme, aux phrases entendues : pas l'intérêt porté aux mots ou au sens de ces mots. Il poursuivait pour me tirer du sommeil : prête seulement l'oreille aux phrases (aux phrases seulement, soulignait-il, avec une certaine irritation dans la voix), concentre-toi exclusivement sur les phrases, oublie les mots (oublie qu'il y a des mots) et n'écoute plus que les phrases, l'épanchement, le torrent des phrases, me dictait-il. Une phrase n'est pas une juxtaposition de mots, poursuivait le fermier germaniste, on n'a pas besoin de connaître le sens des mots qui composent une phrase pour entendre la phrase (et comprendre la phrase), le sens des mots émousse la compréhension de la phrase, nous n'entendons plus rien si nous nous mettons à les écouter, si nous écoutons les mots seulement, nous ne comprenons plus rien du tout. L'intelligence appauvrit l'écoute, l'oreille intellectualisée qui croit tout comprendre n'a rien compris en réalité et elle se trompe en cherchant à comprendre, aussi longtemps qu'elle cherche à comprendre quelque chose, l'oreille qui se croit intelligente ne comprend rien, elle s'agrippe au sens des mots, mais elle a perdu l'essentiel. Il ne faut pas tendre l'oreille pour écouter ce que l'intelligence dit (ou veut dire), il faut prêter l'oreille seulement à la rumeur vide des phrases, s'exercer par l'oreille à la peur. Il faudrait avoir l'oreille d'un chien, dresser l'oreille comme le chien à l'affût dresse l'oreille, voilà comment comprendre les phrases ; il faudrait renoncer à écouter comme nous avons coutume d'écouter, il faudrait en finir avec la manière humaine et débile d'écouter, une fois pour toutes il faudrait renoncer à entendre (et écouter) comme un homme (entend et écoute). Il faudrait avoir l'intelligence de l'homme et l'oreille du chien, voilà la clef du problème. Il suffit d'écouter pour comprendre, n'importe quoi peut être compris à condition d'être écouté vraiment, la compréhension est sans limites à celui qui possède une oreille fine (et sait l'exercer). L'intelligence est contenue dans l'oreille, finissait-il par dire, le secret du monde est contenu dans le creux de l'oreille attentive, l'oreille exercée à la peur, l'oreille qu'on a dressée à écouter vraiment. Et la plupart du temps je ne voyais même pas le visage de mon mari qui était enfoncé dans le fauteuil à oreilles, je ne pouvais pas le voir (tandis qu'il me fournissait toutes ces explications auxquelles je ne comprenais absolument rien), je ne pouvais que l'entendre, depuis le lit où j'étais blottie sous mes épaisseurs de couvertures. Je m'enfonçais dans le lit et mon mari lecteur s'enfonçait dans son fauteuil à oreilles. Je l'imaginais, enfoncée que j'étais sous la lourde pile des couvertures, le corps surmonté d'une tête de chien, mon mari avait le corps d'un homme et à la place de la tête il avait une tête de chien, un chien aux oreilles dressées. Mon mari savait bien que je ne saisissais pas un traître mot de ce qu'il me lisait, il le savait, qu'il m'était humainement impossible de comprendre une seule phrase ou un seul mot, mais il poursuivait sa lecture. Il s'interrompait de temps à autre et il me disait, il me lançait depuis son fauteuil à oreilles, tu t'ennuies, mais c'est normal de s'ennuyer à la lecture des textes allemands, l'ennui accompagne par définition la lecture des textes allemands, s'ennuyer à lire les textes allemands, les chefs-d'œuvre de la littérature allemande, est normal et nécessaire, il n'y a pas de plus grande et de plus belle expérience de l'ennui que celle éprouvée dans la lecture de textes allemands, l'ennui qui escorte nécessairement les textes allemands est l'ennui le plus haut. Mon mari pendant des heures dissertait sur la belle gravité de l'ennui allemand (ou plutôt de la littérature allemande), je ne l'écoutais plus et il me disait en haussant le ton, tu ne m'écoutes plus, c'est normal, je t'ennuie moi aussi (comme je m'ennuie moi-même à lire ces textes), s'il venait à commencer sur ce sujet, plus rien ne l'arrêtait, il pouvait en parler jusqu'au matin sans s'arrêter, sans remarquer que je ne l'écoutais plus, je m'endormais, et s'il m'arrivait de me réveiller au milieu de la nuit, je l'entendais encore parler (me parler) de l'ennui qui est le caractère spécifique des livres allemands. L'ennui tenait le centre des monologues du fermier germaniste, expliqua la femme au notaire déchu, il était (le fermier germaniste) intarissable sur le thème de l'ennui, sa parole ne connaissait pas de fin lorsque le fermier germaniste faisait de l'ennui l'objet de son discours. On pouvait croire, à entendre le fermier germaniste parler de l'ennui, dit sa femme, penser que l'ennui était l'expérience fondamentale de sa vie. On reconnaît le chef-d'œuvre à sa capacité de susciter l'ennui, commençait mon mari, et il continuait sur l'ennui pendant des heures, il ne s'arrêtait plus, plus rien ne pouvait l'arrêter, une fois que l'ennui était devenu le point de mire de son monologue nocturne. L'ennui des livres allemands me met au désespoir, disait parfois le fermier germaniste. S'ennuyer, c'est vivre au sens fort et exact du terme, c'est éprouver ce qu'est l'ennui de vivre. Nulle expérience ne donne le sentiment d'exister comme celle de l'ennui. L'ennui procure à celui qui l'éprouve (et en éprouve un désespoir profond) la sensation d'exister vraiment, on ne se sent jamais aussi vivant que dans l'ennui profond. L'ennui est le sentiment de l'existence même, éprouvée du dedans. Toute action véritable a son siège dans l'ennui, émerge de l'ennui, l'ennui est la marque de l'activité véritable (disait-il), l'ennui est la puissance même du détachement qui donne à celui qui l'éprouve une force incalculable. Je m'ennuie, je ne me suis jamais tant ennuyé qu'à la lecture des textes allemands, ne pense pas que je sois injuste en disant cela, car jamais je ne me suis senti plus proche de la vérité qu'en m'ennuyant, à lire mes livres écrits en allemand. L'obstacle de la langue allemande est un obstacle exorbitant, représente-toi qu'une page lue me coûte des efforts infinis et me met au désespoir, mais cet obstacle de la langue allemande m'est précieux, il est vital. Songe un instant, disait le fermier germaniste à sa femme, que chaque phrase provoque en moi un sentiment de crainte et de répulsion, chaque phrase me repousse, chaque phrase lue me fait haïr la langue allemande, la syntaxe allemande, je la hais au plus haut point, mais chaque phrase lue qui m'exile et me fait haïr la langue ennemie me porte au sentiment d'existence le plus haut. Voilà, poursuivait-il, l'ennui me donne la force d'aller chaque soir plus loin, dans le fauteuil à oreilles chaque soir j'approfondis mon expérience de l'ennui, du désespoir et de la haine, et le résultat est que chaque soir j'approfondis le sens de l'existence, chaque soir à m'écorcher sur les phrases ennemies je sens au plus vif le sentiment d'être. Je me sens parvenir au stade où il n'y a pas de frontière entre ce que je fais et ce que je suis, il n'y aura plus de différence, bientôt (disait-il). Bientôt, disait-il, mon activité (de lire dans mon fauteuil à oreilles) exprimera complètement mon être, mon activité égalera mon être, bientôt. Je veux faire de ma vie une expérience approfondie de l'ennui. Vivre, c'est s'ennuyer était l'axiome du fermier germaniste, c'est s'ennuyer au sens fort du terme (précisait-il), c'est éprouver l'ennui profond, ennui des profondeurs, c'est-à-dire l'ennui le plus profond (précisait-il encore). Mon mari, lorsqu'il parlait de l'ennui, visait à la plus grande exactitude : il distinguait plusieurs espèces d'ennui et parmi ces espèces de l'ennui il revenait toujours à l'expérience fondamentale et métaphysique de l'ennui profond. Nulle part ailleurs que dans la littérature allemande (mais c'est vrai aussi de la philosophie allemande, précisait le fermier germaniste), je n'ai éprouvé de plus sombre et de plus effroyable ennui. Littérature et philosophie se confondent chez les Allemands, il n'y a pas de frontière entre les deux (entre philosophie et littérature, il n'y a pas de différence perceptible), c'est pourquoi il est toujours assommant, d'un certain point de vue, de lire un texte allemand, qu'il soit de littérature ou de philosophie, ce texte ennuie profondément. La littérature et la philosophie exigent du lecteur des efforts infinis et insupportables, des efforts inouïs, voilà l'ennuyeux. Commencer un livre allemand, c'est entrer dans l'ennui, c'est commencer à s'ennuyer. S'enfoncer dans sa lecture (du livre allemand), c'est s'enfoncer et sombrer dans l'ennui. L'ennui est source d'angoisses, poursuivait-il, il n'est pas d'épreuve plus déprimante et plus tuante que celle de l'ennui éprouvé à lire des textes allemands (ou pire encore, ajoutait le fermier germaniste, des textes de philosophie allemande). Rien ne combat le vrai ennui (c'est-à-dire celui qui est contenu dans la littérature et la philosophie allemandes), il est superflu (et ridicule) de vouloir combattre l'ennui (complètement absurde de croire qu'on peut vaincre cette espèce particulière de l'ennui), le combat est perdu d'avance (contre l'ennui) ; rien ne nous détourne de cet ennui terrible et profond, rien n'approche le plaisir de retrouver l'ennui, de sombrer dans l'ennui, une fois que nous l'avons éprouvée, cette espèce de l'ennui déprimant. L'ennui vrai et profond ne passe pas, il faut savoir atteindre au point où tout est immobilisé par l'ennui qui ne passe pas. Le fermier germaniste cherchait parfois à remonter aux sources de son ennui, il révélait à sa femme l'ambiguïté de sa vocation. Mi-fermier, mi-germaniste, je ne pouvais rencontrer l'ennui autrement, commentait le fermier germaniste à l'intention de sa femme. L'ennui ne touche que les hommes divisés. Si je n'avais pas été éleveur de bovins, jamais mon goût pour la langue allemande ne se serait développé ; jamais ma connaissance de l'allemand n'aurait trouvé son exutoire dans la lecture de textes, dans la fréquentation des chefs-d'œuvre de la littérature et de la philosophie allemandes, si d'abord je n'avais pas dû passer mes journées avec les bêtes. Mon amour des lettres allemandes ne pouvait prendre racine que dans une tête d'éleveur, cet amour-là ne pouvait prendre sa véritable expansion que dans une ferme comme celle dans laquelle nous avons vécu, entourés de nos bêtes, confiait le fermier germaniste à sa femme lasse de l'écouter, mais l'écoutant tout de même (jamais elle n'avait fait autre chose qu'écouter son mari, et celui-ci quand elle ne l'écoutait plus la rappelait à lui). Un autre métier m'aurait tué, n'importe quelle autre vie m'aurait empoisonné, je n'aurais pu respirer d'autre air que celui respiré dans notre ferme. Un autre air m'aurait tué (et t'aurait tuée du même coup, ajoutait le fermier à sa femme). Je ne pouvais devenir moi-même qu'ici, en tant qu'éleveur de bovins le jour et lecteur de textes allemands la nuit. Dehors dans la journée, assis dans le fauteuil à oreilles la nuit. Mon mari, dit la fermière, m'a toujours dit que sans son fauteuil à oreilles, sa vie de fermier germaniste en aurait été radicalement changée. Sans ce fauteuil à oreilles qui avait été conservé par mon mari, celui-ci ne serait jamais devenu fermier germaniste. Je ne me serais jamais ennuyé aussi remarquablement sans le fauteuil à oreilles, je serais passé tout bonnement à côté de l'ennui si je ne m'étais pas trouvé assis dans le fauteuil à oreilles. Il n'aurait jamais eu le goût pour les lettres allemandes, sans le fauteuil à oreilles ; il n'aurait jamais pu être autre qu'éleveur du Maine-et-Loire, jamais il ne serait devenu (pour lui-même et pour sa femme) fermier germaniste, sans ce fauteuil. Sans mon fauteuil à oreilles, disait mon mari (il précisait toujours fauteuil à oreilles, nota la fermière), je n'aurais jamais eu l'idée d'exercer mon allemand, je n'aurais pas davantage eu l'idée d'entamer la lecture des chefs-d'œuvre de la littérature allemande, je serais resté jusqu'à la fin de mes jours éleveur de vaches dans le département du Maine-et-Loire. Ces œuvres capitales, ces textes allemands de littérature et de philosophie, je serais mort sans les connaître, dit mon mari un jour, si mon fauteuil à oreilles ne s'était trouvé là. Ma vie devait aboutir dans la position assise dans le fauteuil à oreilles, dit mon mari, qui était assis dans le fauteuil à oreilles. Je suis né, poursuivit le fermier germaniste, pour cultiver les lettres allemandes dans ce fauteuil à oreilles. Ma vie finit là, pensait-il sans doute, est faite pour s'achever là, dans la position du lecteur. L'amour de mon mari pour les lettres allemandes, amour auquel finalement je n'ai jamais rien compris, a culminé dans l'abandon de notre nom, reprit la femme du fermier germaniste, après avoir observé un long silence. Un jour, reprit la femme du fermier germaniste, il a voulu que nous cessions de porter notre nom, il m'a annoncé de but en blanc dans la vaste cuisine, nous allons cesser désormais de nous appeler comme nous en avions l'habitude. Nous n'entendrons plus désormais nos noms prononcés, car nous allons en changer. Il a décidé que nous nous appellerions désormais monsieur et madame Goldschmidt (ou Goldberg, le notaire ne savait pas), il a paru réfléchir un très court instant, et il a décrété de but en blanc que l'on se nommerait à partir de maintenant monsieur et madame Goldschmidt (ou Goldberg, car une fois de plus le notaire ne comprit pas la terminaison du mot allemand, une fois de plus lui échappa le patronyme à consonance germanique). Le notaire entendit les syllabes d'un nom allemand, mais il n'était pas capable de se le répéter avec exactitude, il aurait même été parfaitement incapable de dire (à quiconque l'eût interrogé là-dessus) si le fermier et sa femme s'appelaient Goldschmidt, ou Goldberg. Soit la femme du fermier germaniste l'avait mal prononcé ou prononcé en baissant la voix (le nom du couple), soit le notaire ne l'avait pas entendu, et le nom du couple resta pour lui inintelligible. Il n'allait pas faire répéter la femme, il ne lui demanderait pas de répéter ou d'épeler le nom qu'elle avait prononcé deux fois au moins, comment dites-vous déjà, je vous demande pardon, mais dites-moi au juste, ce nom, comment l'écrivez vous? Désormais tu t'appelleras madame Goldschmidt, lança dans la cuisine glaciale le fermier germaniste, et je m'appellerai moi-même monsieur Goldschmidt (ou Goldberg), moi ton mari j'aurai pour nom désormais monsieur Goldschmidt (ou Goldberg), toi ma femme tu auras pour nom madame Goldschmidt (ou Goldberg), me dit encore mon mari d'un ton sans réplique. Nous effaçons, nous oublions notre nom, et désormais c'est Goldschmidt (ou Goldberg), que nous nous nommerons. Tu ne m'appelleras plus par mon prénom, tu l'oublieras aussi, les prénoms sont superflus, ils ne veulent rien dire, ils ne servent absolument à rien, tu diras Goldschmidt (ou Goldberg), un point c'est tout, Goldschmidt (ou Goldberg) aussi sera mon prénom, comme il sera le tien aussi, je ne veux plus rien entendre d'autre que ce nom. Goldschmidt (ou Goldberg) sera nos prénoms et noms réunis, il n'y aura plus de confusion, conclut le fermier germaniste. La femme prit ainsi l'habitude d'appeler son mari Goldschmidt (ou Goldberg), partout elle l'appelait Goldschmidt (ou Goldberg), dans la cuisine, dans le salon, là où il (son mari) était et là où il n'était pas, partout elle appelait son fermier germaniste Goldschmidt (ou Goldberg), elle s'époumonait toute la journée à l'appeler Goldschmidt (ou Goldberg), et s'endormant près de son homme qui lisait des livres allemands dans le courant d'air glacé près de la fenêtre, madame Goldschmidt (ou Goldberg) souhaitait bonne nuit à Goldschmidt (ou Goldberg), Gute Nacht Herr Goldschmidt (ou Gute Nacht Herr Goldberg, comme on veut). Depuis le temps, remarqua la femme, j'ai oublié mon nom et jusqu'à mon prénom, et le notaire déchu pensa la même chose de lui-même, il avait oublié jusqu'à son prénom, il aurait pu l'épeler ou mentalement réciter les lettres qui le composent, mais s'en souvenir jamais, en tout cas pas comme on se souvient d'ordinaire de son propre prénom.

Achevé d'imprimer en juin 2002
dans les ateliers de Normandie Roto Impression s.a.s.
à Lonrai (Orne)

N° d'éditeur : 1777
N° d'imprimeur : 021361
Dépôt légal : août 2002

Imprimé en France